Cheiro

Das Buch der Zahlen

Cheiro

Das Buch
der Zahlen

Das klassische Werk
der mantischen Numerologie

Verlag Hermann Bauer
Freiburg im Breisgau

CIP-Titelaufnahme der Deutschen Bibliothek

Cheiro:
Das Buch der Zahlen : das klassische Werk der
mantischen Numerologie / Cheiro. –
8. Aufl. – Freiburg im Breisgau : Bauer, 1990
Einheitssacht.: Book of numbers < dt. >
   ISBN 3-7626-0379-0
   NE: Jakobi, Erna [Bearb.]
Vw: Hamon, Louis Count [Wirkl. Name] → Cheiro

Aus dem Englischen von
Erna Jakobi und E. M. Körner.

8. Auflage 1990
ISBN 3-7626-0379-0
© für die deutsche Ausgabe by
Verlag Hermann Bauer KG, Freiburg im Breisgau.
Alle Rechte der deutschen Ausgabe vorbehalten.
Druck und Bindung: Ebner Ulm.
Printed in Germany.

Inhalt

Es ist ganz natürlich, daß sich einem Forscher, der irgendein Wissensgebiet nur lange genug studiert, auch die solchem Wissensgebiet zugrunde liegenden Mysterien entschleiern können.

Auch beispielsweise dem Malschüler entwirren sich die Geheimnisse der Farben, des Lichts, der Gestaltung, der Formen und tausenderlei weiterer Feinheiten, die sonst nur der Kunstverständige recht versteht, die aber der Laie wenig beachtet. Der Botaniker wiederum erkennt Art und Abstammung der Pflanzen an Blättern und Blüten und vermag das Alter der Bäume an ihrem Stamm abzuschätzen.

Okkultismus und Magie sind dem Uneingeweihten bedeutungslose Begriffe, oder er macht sich falsche Vorstellungen von diesen Gebieten. Demjenigen aber, der diese Wissensgebiete gründlich studiert, werden sie zu erfahrbaren Wirklichkeiten.

Dieses Buch überreiche ich meiner Leserschaft im Bewußtsein des hohen Wertes, der in meiner darin dargelegten Zahlenlehre enthalten ist. Nachdem ich mich durch einige Jahrzehnte ausschließlich mit der okkulten Zahlenlehre befaßte und vielen Tausenden von Menschen die okkulte Bedeutung der Zahlen in ihrem persönlichen Erleben und im Schicksale anderer habe beweisen können, möchte ich nunmehr die Allgemeinheit in den Besitz meiner Forschungsergebnisse kommen lassen.

Noch immer ist zwar nicht jedermann an das Walten des Okkulten und Übersinnlichen im Dasein zu glauben gewillt, doch die meisten Menschen geben unumwunden zu, von der Existenz geheimnisvoller Mächte in der Schöpfung zu wissen oder diese Existenz sogar erfahren zu haben. Die meisten Gelehrten unseres Zeitalters freilich distanzieren sich von den erhabenen Mysterien-Weisheiten.

In der Ära der exakten Wissenschaften finden Technik, Chemie und Physik das größere Interesse, obwohl übrigens die meisten Entdeckungen auf diesen Gebieten durch den sogenannten blinden Zufall erfolgt sind, der eigentlich ein Walten höherer Mächte ist.

Schon wurden durch drahtlose Telegraphie und Rundfunk Tausende Menschenleben gerettet; die Mysterien von gestern sind uns heute zur Gewohnheit, zur Selbstverständlichkeit geworden. Nach dem Gesetz der Unterordnung aller Dinge und Wahrheiten unter denjenigen, der ihnen dient, wird die Erkenntnis dieser Wahrheiten offenbar.

Wer die geschichtliche Entwicklung der letzten Jahrhunderte verfolgt hat, wird sich nur selten bewußt werden, welcher betrübliche Verlust es für uns Menschen ist, trotz unserer so beträchtlichen Fortschritte auf den Sektoren der exakten Wissenschaften, der Technik und des Verkehrs nicht intensiver die okkult-philosophischen Urgründe des Daseins durchdacht und erforscht zu haben. Der Mensch, besonders in heutiger Zeit, unterliegt eher dem Drang, seine technischen Kenntnisse zur Vernichtung des Lebens einzusetzen, anstatt sich um die Lösung der Grundfragen des Seins zu bemühen und den planetaren Entsprechungen auf den Grund zu kommen, durch die sich unser Dasein ordnet, durch die es bestimmt und geleitet wird.

Als Newton die Gravitation, das Gesetz der Schwerkraft, entdeckt hatte, wurde es nicht im entferntesten in Betracht gezogen, daß er damit auch das Gesetz der Anziehungskraft enthüllt hatte. Es wird oft vergessen, daß die Entdeckung Newtons unmittelbar in die Geheimnisse kosmischer Entsprechungsgesetze und kosmischer Mysterien überleitet.

Nach einigen notwendigen Einleitungsbetrachtungen werde ich dann meine okkulte Zahlenlehre so deutlich und allgemeinverständlich erklären, daß jedermann, der über normale Intelligenz verfügt, meinen Ausführungen ohne Mühe zu folgen imstande ist.

Als ich in jungen Jahren im Orient weilte, ward mir das große Glück zuteil, eine Brahmanen-Sekte kennenzulernen, in der noch manche der okkulten Lehren aus archaischen, urtümlichen Zeiten bekannt waren. Diese Brahmanen hielten die alten Bräuche aus lang vergangenen Tagen noch ebenso heilig wie ihre heute vertretene religiöse Lehre. Ich wurde in diese Sekte aufgenommen und in deren Lehren eingeweiht. Ich hörte von der okkulten Bedeutung der Zahl und lernte die Beziehungen der Planeten zum menschlichen Leben kennen. Nach jahrelanger eigener Erforschung dieser Wissensgebiete wurde ich von deren Bedeutung und Richtigkeit nicht nur völlig überzeugt, sondern fühlte mich nun auch selbst berechtigt, meine Kenntnisse zum Nutzen und zum Vorteil anderer Menschen anzuwenden.

Die Inder, so dürfen wir nicht vergessen, erforschten bereits in grauer Vorzeit die Naturgesetze des Alls und waren Meister auf dem Gebiete des theoretischen und praktischen Okkultismus. Die Priester jedoch umschleierten die hohen okkulten Erkenntnisse, um sie gleichsam für das Verständnis des Volkes aufzubereiten, derartig mit geheimnisvollen Riten und Kult-Formeln, daß uns der wahre Sinn des ehrwürdigen Mysterien-Weistums nur noch in wunderlichen Bräuchen und nichtssagenden Formeln erhalten blieb. Doch wird das Verständnis für dieses Mysterien-Weistum, so hoffen wir, neu erstehen, wenn wir uns in der dafür bestimmten Zeit wiederum wachen Sinnes damit befassen werden.

Die weisen Inder der grauen Vorzeit sind ebenso wie die Chaldäer und die Ägypter unumschränkte Meister der okkulten Deutung der Zahlen gewesen, und sie wußten die Zahl in Beziehung zu den allgemeinen Zeitläufen und in Beziehung zum individuellen menschlichen Geschick zu bringen.

Es waren Chaldäer und Inder, denen zum ersten Male die Berechnung des später „Präzession des Frühlingspunktes" genannten Zeitumlaufs gelang. Die damaligen Berechnungen ermittelten einen Zeitumlauf von etwa 25 850 Jahren. Heutzutage endlich erkennt auch unsere zeitgenössische Wissenschaft die Richtigkeit dieser Zahlenangabe an.

Wie es den Alten möglich gewesen ist, diese komplizierten Berechnungen anzustellen, läßt sich nicht mehr nachweisen, denn derartige Berechnungen sind für uns ohne Anwendung astronomischer Instrumente gar nicht durchführbar. Unsere heutigen Wissenschaftler bewundern jedenfalls die Genauigkeit der Berechnungen der Alten.

Wenn ich nun mit der Erläuterung dieser uralten Entdeckungen und Erkenntnisse der Inder und Chaldäer beginne, die uns Aufschluß über die okkulte Bedeutung der Zahlen gibt, müssen wir uns zunächst den Grundbegriff der Zahlen 1 bis 9 vergegenwärtigen. Denn diese Zahlen bilden die Basis für unsere Zahlenordnung und damit für unsere gesamte Mathematik und unser Berechnungswesen. Diese Tatsache nehmen wir ohne weitere Begründungen als Notwendigkeit an. Weshalb nun sollten wir die anderen Entdeckungen der weisen Naturforscher lange zurückliegender Jahrtausende nicht ebenso anerkennen oder sie zumindest ohne Vorurteile zu prüfen suchen?

Alles mit der Welt der Zahlen Zusammenhängende in diesem Buche zu erörtern, ist natürlich unmöglich und auch nicht meine Absicht. Zunächst möchte ich die *okkulte* Bedeutung der Zahl an sich herausstellen.

Es wird die Leser wahrscheinlich besonders interessieren, weshalb die *Sieben* seit alters her als eine *mystische* Zahl gilt und inwiefern sie zum Bereich des Übersinnlich-Geistigen in Beziehung gebracht wurde oder weshalb die Neun den Abschluß derjenigen Zahlen bildet, auf denen unsere gesamten exoterischen, materialistischen Berechnungen beruhen.

Daß alle Zahlen über 9 lediglich aus den ersten 9 Zahlen zusammengesetzt sind, wird jeder sofort erkennen. Eine kurze Erklärung beweist das. Die Zahl 10 zum Beispiel wird, da die Null keine eigentliche Zahl ist, eine Wiederholung der 1. Die Zahl 11 ist nach dem Gesetz der natürlichen Addition, durch welche die Quersumme ermittelt wird, eine Wiederholung der Zahl 2, denn 1 + 1 ergibt 2.

Die 12 ist folglich eine Wiederholung der Zahl 3, die 13 eine Wiederholung der Zahl 4, und die 19 ergibt als Quersumme die Zahl 10, die wiederum zur Zahl 1 reduziert wird, weil die Null nicht mitgerechnet wird. Die 19 ist nach altem Gesetz der Okkultisten also der 1 zugehörig, die 20 der 2, die 21 der 3 usw.

Jede Zahl läßt sich, bis hin zu den höchsten, zu einer Grundzahl reduzieren. Die okkulte symbolische Deutung für die Zahlen von 10 aufwärts, die sogenannten zusammengesetzten Zahlen, werde ich an späterer Stelle noch erklären.

Die bisherigen Erläuterungen haben uns also die Erkenntnis vermittelt, daß in unserem exoterisch-materialistischen Zahlensystem die Grundzahlen von 1 bis 9 die Basis für unsere gesamten Berechnungen bilden.

Die Zahl 7 weist uns aber bereits auf übersinnliche, okkulte Zusammenhänge hin. Sämtliche Kompositionen musikalischer Art, die erhabensten Musikwerke und die geringen, beruhen auf 7 Grundtönen. Aber auch sämtliche Malereien, die ganze farbige, durch das äußere oder innere Auge wahrgenommene Welt überhaupt, ist auf 7 Grundfarben zurückzuführen.

Auch in der *Bibel* oder in anderen heiligen Büchern wird die 7 oft genannt und weist stets auf das Übersinnliche, auf die geheimnisvolle, allgewaltige Gottesmacht hin.

In der Genesis (Schöpfungsgeschichte, 1. Buch Mose) wird berichtet, daß es 7 Schöpfungstage gab, die auch einen Zyklus im Weltgeschehen bilden.

Ferner werden in der Heiligen Schrift, der Bibel, häufig die 7 Himmel, die 7 Throne, die 7 Siegel und die 7 Kirchen erwähnt. Wir lesen vom siebentägigen Marsch rund um die Mauern der Stadt Jericho, und es steht geschrieben, daß die Mauern der Stadt am ‚siebenten Tage‘ fielen. Dieses Ereignis geschah durch jene geheimnisvolle Allmacht Gottes, die in der Zahl 7 symbolisiert wird.

Bezeichnend ist es ferner, daß zwischen der Zeit Davids und der Geburt Christi genau sieben Generationen lagen. In der Offenbarung lesen wir von den ‚sieben Geistern Gottes, die in alle Lande gesandt sind'. Hesekiel schreibt von den ‚sieben Engeln des Herrn, die hin und her zur Erde wandeln'. Die Okkultisten vermuten, daß diese Engel einen Zusammenhang zu den für unsere Erde astrologisch besonders maßgeblichen ‚sieben schöpferischen Planeten' haben.

Auch in der Religion des alten Ägypten werden 7 Geister erwähnt. In anderen religiösen Schriften finden wir folgende Quellen für die Benennung der geheimnisvollen Siebenzahl:

> 7 Devas in der Heiligen Schrift der Hindus;
> 7 Amschaspands bei den Persern;
> 7 Engel bei den Chaldäern;
> 7 Sephiroth in der hebräischen Kabbala;
> 7 Erzengel in der Offenbarung und so weiter.

Ich wies bereits darauf hin, daß diese geheimnisvolle Zahl 7 in den Überlieferungen und okkulten bzw. religiösen Lehren aller Völker, ja sogar noch in der Gegenwart, für die geheimnisvoll allmächtige Macht *Gottes* steht.

In den ältesten Lehrsätzen okkulter Philosophie finden wir die Aussage, daß es *einzig und allein* durch die *Sieben* möglich ist, die ‚Zahl des Endlosen' so zu teilen, daß der Teilungsbruch in Dezimalform als Quersumme stets die Zahl *neun* ergibt, gleichgültig, wie hoch man diese die Unendlichkeit symbolisierende Zahl auch ansetzt.

Mit anderen Worten gesagt, weist diese Ergebniszahl 9 auf die unserer gesamten Arithmetik zugrunde liegenden und unsere exoterisch-‚weltlichen' Berechnungen beherrschenden neun Grundzahlen hin.

Die erste Zahl, die immer und in jedem Zählsystem nur die 1 ist, stellt die erste Ursache, den Schöpfer, den Urgeist, Gott oder wie immer man das Erste und Höchste im Dasein auch nennen mag, dar. Der Kreis, aus dem der Ziffernwert für die Null besteht, gilt seit jeder als Symbol des Unendlichen oder des sog. ‚Ewigen'. Fügen wir zu der Ziffer 1 noch die 0 hinzu, haben wir also die bedeutungsvolle Symbolik des ‚Ewigen' vor uns. Diese Zahl, der wir beliebig viele Nullen anhängen, teilen wir durch die mystische geheimnisvolle Zahl 7, und wir erhalten die endlose Zahlenkette 142857 . . .

Dieses Zahlenbild ‚142857' wurde in alten Zeiten die ‚heilige Zahl' genannt. Die Quersumme dieser Zahl ist 27, die wiederum reduziert, also zu ihrer Grundquersumme zusammengezogen werden muß, wie bereits früher erklärt wurde. Diese Grundquersumme ist also in diesem Falle die 9; diese bildet gleichsam den ‚inneren Wert' der Zahl 27. Die 9 ist aber als Schlußzahl der unsere gesamte Zählweise und Arithmetik beherrschenden Grundzahlenreihe zugleich Symbol für diese Grundzahlen überhaupt.

Wenden wir uns nun wieder der symbolischen Bedeutung der Sieben zu. Vermutlich werden nur wenige wissen, weshalb Buddha so häufig inmitten einer Lotosblume sitzend dargestellt wird. Wir wollen den Grund dafür herauszufinden trachten. Verhältnismäßig wenig bekannt wird auch sein, daß die 7 auf oft merkwürdige Art in der Natur eine Rolle spielt und von dieser hervorgebracht wird. Es gibt Blumen, die 7 Hüll- oder Blütenblätter haben, und diese können sich nicht kreuzen.

Da bei den allermeisten Pflanzen eine Kreuzung durch Pollenübertragung sehr leicht zustande kommt, es aber schwierig ist, das Vorbild einer ‚reinen', sich nicht kreuzenden Pflanze zu finden, nahm Buddha die Lotosblume zum Sinnbild seiner religiösen und philosophischen Lehren. Die Reinheit des weißen Lotos ist für Buddhisten außerdem Symbol der Vollendung, weil die Blüte, obzwar im Schlammwasser genährt, in reiner Weiße daraus hervorgeht.

Außerdem sind die sieben Hüll- und Blütenblätter des Lotos weithin sichtbar, worin Buddha einen weiteren Symbolwert für seine Lehre erblickte, die in alle Welt ausstrahlen sollte, und schließlich führte er seine Religionslehre auf den Hauptgedanken zurück, daß der schöpferische Geist Anfang und Ursprung aller Dinge sei. Die Lotosblume aber war ein stilles und doch nicht zu übersehendes Symbol für die schöpferische Symbolwirkung der sieben Planeten, die allen Religionen einen Urgrund geben.

Sehr, sehr lange, ehe die Menschen ihre Glaubensbekenntnisse und ihre moralischen, ethischen und weltlichen Gesetze ausgedrückt und festgelegt hatten, waren die Schwingungen der ,sieben schöpferischen Planeten' auf Erden bekannt. Bereits in prähistorischer, archaischer Zeit gab es die planetaren Gesetze. Obwohl jenes genaue Urzeitwissen seit undenklichen Zeiten in Vergessenheit geraten ist, sind die den sieben Planeten zugeschriebenen Einwirkungen (bzw. Symbolwirkungen) noch heutzutage in uralten Bräuchen fast aller Völker der Erde nachzuweisen.

Planetengeheimnisse der Wochentage

Auch die Namengebungen für die sieben Wochentage gehen auf die sieben schöpferischen Planeten zurück und sind mit der mystischen bzw. heiligen Bedeutung der Zahl 7 verknüpft. In jedem Erdteil, bei allen Volksstämmen ist noch heute die ursprüngliche Benennung der sieben Wochentage gebräuchlich, und zwar in den meisten Sprachen. Bei den Chinesen und Assyrern, den Indern, Ägyptern und Hebräern, den Griechen und Römern ist das ebenso der Fall wie auch bei den Deutschen, Franzosen und Engländern.

Bei uns in Deutschland bzw. in der deutschen Sprache überhaupt ist der erste Wochentag dem Mond unterstellt und wird Montag genannt; in England heißt er entsprechend ,Monday', in der Ableitung von ,Moonday' = Mond-Tag; in Frankreich sagt man ,Lundi' (Lune heißt Mond; abgeleitet aus dem lateinischen Wort ,luna' für Mond); in Spanien wird dieser Tag ,Lunes' genannt, also ebenfalls von ,luna' abgeleitet. Diese Beispiele sind durchgängig für alle Wochentage anzuführen. So wird der Sonnabend in England ‚Saturday‘ oder ‚Saturntag‘ genannt, während in diesem Falle das deutsche Wort nur indirekt auf den Saturn hinweist, da der ‚Abend oder Vorabend der Sonne‘ zwanglos als das Dunkel oder die Hemmnis (der Symbolwirkung des Saturn entsprechend!) vor dem Licht aufgefaßt werden kann.

Für diesen ‚Saturntag‘ befahl nach dem Zeugnis des Alten Testamentes Gott der Herr den Hebräern, keinerlei Arbeit zu tun, denn: ‚Und der siebente Tag soll euch heilig sein.‘ Indem er ihnen dieses Gebot gab, sagte er: ‚Ihr sollt diesen Tag in Ehren halten zum Gedächtnis, ihr und all eure Nachkommen zur ewigen Weise.‘ (Übrigens waren diese Hebräer diesem Gebot gehorsam und veranlaßten sogar die römischen Eroberer und andere heidnische Völker, dieser Weisung Folge zu leisten. Josephus schreibt dazu: ‚Es gibt keine Stätte, weder bei den Griechen, den Barbaren noch bei anderen Völkern, bei denen unser Brauch, am siebenten Tage zu ruhen, nicht eingeführt worden wäre.‘ Der siebente Tag der Woche ist bei den Hebräern der Sonnabend; er wird von den Juden Sabbath genannt, das von dem hebräischen Wort ‚Schabath‘, dem Stamme ‚ruhen‘ zugehörig, abgeleitet ist.)

Ist es nicht eigenartig, daß in unserem Zeitalter der Sonnabend, der dem Saturn geweihte Tag, von Jahr zu Jahr mehr zu einem Tage der Ruhe wird?

In diesem Zusammenhang sei noch erwähnt, daß der Planet Saturn, der als der letzte und fernste der sieben sogenannten schöpferischen Wandelsterne unseres Sonnensystems gilt, in den meisten Religionen ‚Stillstand‘ oder im anderen Sinne ‚Ruhe von der Arbeit‘ bedeutet. Hiermit haben wir zunächst seltsam anmutende Erklärungen für die Namengebungen der sieben Wochentage, die bei fast allen Völkern der Erde den ‚sieben schöpferischen Planeten‘ entsprechend benannt wurden. Auf Grund dieser Erkenntnis, dieser Erklärung könnte sich gewiß auch der biblische Text aufhellen, der lautet: ‚Gott schuf Sonne, Mond und Sterne und bestimmte sie als *Zeichen* für die *Zeiten, für die Tage* und *Jahre.*‘

Ein bedeutender Astronom, Professor Maunder, befaßt sich auch mit dieser merkwürdigen Einteilung der Wochen in sieben Tage. In einem seiner astronomischen Werke über die Bibel schreibt er: ‚Der Wochenabschnitt von sieben Tagen, der sich weder mit den Monaten noch mit dem Jahreslauf vereinbaren läßt, ist keine natürliche Zeiteinteilung.'

Dieser Gelehrte, der sich des tiefen in der Zahl sieben verborgenen Sinnes ohne Zweifel nicht bewußt war, quälte sich nur mit der einen Frage, weshalb diese Wocheneinteilung keine solche Zeiteinteilung sei, die von der Menschheit als *selbstverständlich* hingenommen werden könnte. Da jedoch alles, sowohl auf wie über der Erde, eine tiefinnerliche, und zwar eine okkulte, übersinnliche, esoterische Bedeutung besitzt; da jedes Geschehen, jede Anordnung des Weltganzen ihren bestimmten Platz, ihr Maß, ihr Ziel und ihre ‚Zahl' hat, die das göttliche Walten auch im scheinbar geringsten Geschehen als kosmische Ordnung sichtbar werden läßt, deshalb hat auch *jeder Tag der Woche, jede Stunde des Tages, jede Minute der Stunde* ihre *eigene harmonische Bedeutung,* ihr festgefügtes, nach höherem göttlichem Plan bestimmtes Gesetz.

Auch die Naturwissenschaftler unserer Tage, und zwar von jeder Fakultät, geben allerdings ohne Zögern zu, daß die Exaktheit der schier wunderbaren astronomischen Ordnung, des Gleichmaßes der Gestirnbahnen am Himmelszelt, bewundernswert und über jeden Vergleich erhaben seien.

Wir wissen seit ältesten Zeiten, daß die Himmelskörper in unwandelbarem Gleichmaß durch den Weltenraum kreisen, daß sie ihre Bahn in Jahrmillionen unwahrscheinlich minimal ändern. Wir wissen, daß sie einen registrierbaren Einfluß auf unsere Erde ausüben und sogar auf die kleinsten Atome einwirken. Und dennoch kennen wir nicht die Ursache dieser Einflüsse noch den Ursprung der Gewalten, welche die Gestirne mit anscheinend unfaßlicher Geschwindigkeit vorwärtstreiben; vielleicht soll das alles auch ein Rätsel bleiben.

Als die alten Weisen den geheimnisvollen planetaren Gesetzen bzw. den kosmischen Gesetzen überhaupt nachzuforschen begannen, erkannten sie durch ihre Weisheit, durch zielbewußte Gedankenkonzentration und wohl auch durch göttliche Eingebung die unverbrüchliche Ordnung des Weltgesetzes, der kosmischen Ordnung und das Vorhandensein geheimnisvoller Naturkräfte. Auch wußten sie von jenseitigen, übersinnlichen Geschehnissen. Und sollten sie damit nicht ebenso recht haben können wie mit jener erstaunlich genauen Angabe der Präzession des Frühlingspunktes?

Diesen großartigen Forschern, die zugleich Okkultisten und Naturforscher waren, haben wir auch die grundlegende Einteilung des Tierkreises in 12 Zeichen bzw. Abschnitte zu je 30 Graden zu verdanken. Diese Forscher stellten fest, daß verschiedene Jahres- bzw. Tierkreisabschnitte eine bestimmte Einwirkung auf die Erde bzw. auf die Menschen, die innerhalb der betreffenden Abschnitte geboren sind, zur Geltung bringen. (Oder man kann nach modernen Anschauungen behaupten, daß es sich bei den astrologischen Tatsachen weniger um kausale, naturwissenschaftliche Einflüsse handelt, als mehr um Relationen symbolischer Art zwischen astrologischen Werten wie Planet, Tierkreiszeichen usw. und Menschengeschick und -artung. Anmerkung des Korrektors E. M. Körner.) Die 30 Grade jedes der 12 Tierkreiszeichen wurden später weiterhin in drei Dekanate zu je 10 Graden eingeteilt, die erfahrungsgemäß ebenfalls wie die Tierkreiszeichen selbst bestimmten Planeten unterstehen. Weitere Forschungen der alten Gelehrten erbrachten schließlich den Nachweis, daß jeder einzelne Jahrestag in bestimmter Beziehung zu den planetaren Schwingungen steht. Hieraus folgt, daß die Erde in unlöslicher Beziehung zum gesamten Sonnensystem, ja zum ganzen Kosmos steht. Diese alten Forscher vermochten anzugeben, daß die (angenommene) Durchschnittsgeschwindigkeit von einem der gedachten Grade des Tierkreises zum anderen etwa $2^1/_2$ bis 3 Minuten im Sommer und 3 bis $4^3/_4$ Minuten im Winter beträgt und daß der von der Sonne ausgehende angenommene magnetische

Einfluß die Schwingungs- oder Ätherwellen eines jeden Planeten beeinflußt. Von diesen Naturbeobachtern und Philosophen wurden uns kosmische Berechnungen übermittelt, die bereits feinste Einzelheiten berücksichtigen. Selbstverständlich beziehen sich jene Berechnungen auf die damals angenommene Bewegung der Sonne, beziehen sich aber heute noch auf den symbolischen bzw. kabbalistischen Tierkreis, wie er im Orient und zum Teil auch hier als Grundlage genommen wird.

Die obigen Darlegungen wollen wir noch besser verdeutlichen, indem wir uns ein Triebwerk vorstellen, das gewiß jedem gut bekannt sein wird, nämlich das Innere eines Uhrwerks. Wir können daran beobachten, wie ein Rad ins andere greift, ein größeres Rädchen in ein kleineres verzahnt ist und indirekt oder direkt alle Rädchen dieses Uhrwerks miteinander in Verbindung stehen, während die ganze kleine Maschinerie durch ein größeres Leitrad (das wiederum durch eine angespannte Feder in Bewegung gesetzt wird) in Funktion gehalten wird.

Veranschaulichen wir uns nun das Getriebe der Gestirne am Himmelszelt. Nach Berechnung unserer Astronomen bewegt sich die Sonne allerdings scheinbar an der gedachten Bahn der Ekliptik entlang und durchmißt auf diese Weise jeden Grad in etwa 4 Minuten, wie eines von den Rädern im Uhrwerk. Multiplizieren wir 360, die Anzahl der gedachten Grade des Tierkreises, mit den 4 Minuten des Sonnenlaufs, so erhalten wir das Ergebnis von 1440 Minuten. Um diese Zahl in Stunden umzuwandeln, teilen wir sie durch 60 und erhalten die Zahl 24. Wir haben also als Ergebnis den vierundzwanzigstündigen Tag vor uns, der sozusagen eine Radspeiche bildet, Bestandteil eines in zeitloser Unendlichkeit und mit planmäßiger Gesetzmäßigkeit kreisenden Riesenrades, das uns immer wieder zum Beginn eines neuen Tages führt. Jeder neue Tag ist einem bestimmten planetaren Einfluß unterstellt.

So geht es jahrein, jahraus im unwandelbaren Gleichmaß des Geschehens unausgesetzt weiter.

Da die Astronomen aber bewiesen haben, daß die scheinbare Bahnbewegung der Sonne durch den Tierkreis in etwa einem Monat ein Tierkreiszeichen durchläuft, können wir uns unter dieser Umlaufbahn noch ein weiteres, aber sich viel langsamer drehendes Rad in unserem imaginären Uhrwerk vorstellen. Infolge des beständigen Wandels der Sternbilder am Himmel, immer von uns aus gesehen, werden auch stets neue Konstellationen auf die Erde projeziert, so daß sich im Jahreslauf der Sonneneinfluß bzw. die durch den Sonnenstand bestimmte Symbolwirkung (neben den immer verschiedene Konfigurationen bildenden Planeten) auf mannigfaltige Weise bemerkbar macht.

Die astrologische Einflußtheorie besagt nun, daß die Planeten (Sonne und Mond werden im astrologischen Sprachgebrauch zumeist auch als ‚Planeten' bezeichnet, manchmal auch als ‚Lichter'), ähnlich wie Mond und Sonne im nachweisbaren Sinne auf die Erde und das biologische Geschehen, auch auf das Wesen des Menschen selbst, dessen Schicksalstendenz und Artung, einen Einfluß durch Prägung der Nerven- und Gehirnzellen ausüben oder durch sonstige Einstrahlungen auf den Menschen als biologisches Wesen und geistige Persönlichkeit wirksam sind. Die symbolische astrologische Lehre hingegen besagt, daß durch das vom Schöpfer an den Himmel gestellte *Symbol* der Planeten und deren Konstellationen (die damit auch symbolische Beziehungsbedeutung haben) bestimmte Entsprechungen des irdischen Geschehens und des persönlichen Wesens und Lebens gesetzt sind. Auf jeden Fall steht es fest und ist eine von Okkultisten und auch Naturwissenschaftlern vieler Jahrhunderte bewiesene Erfahrungstatsache, daß unser Dasein in Relation zu den Gestirnen und deren Bahnen besteht und verläuft.

Zum besseren Verständnis der in diesem Buche dargelegten okkulten Zahlenlehre möchte ich die Frage aufwerfen, auf welche Weise und zu welchen Zeiten es der Menschheit wohl möglich geworden ist, die zu den Planetenbedeutungen in Beziehung stehenden Zahlenbedeutungen zu erkennen? Doch dazu muß gesagt werden, daß es sich bei dem in diesem Buche vor allem zum praktischen Gebrauch zur Kenntnis gebrachten Zahlensystem um uraltes Weistum handelt, das der Menschheit erstmals in so weit zurückliegender Zeit offenbart wurde, daß eben diese genaue Zeit noch der Ort der ersten Bekanntgabe nicht mehr ermittelbar sind. Gerade das Wissen, daß es sich um solches *uraltes* Weistum handelt, erweckt unser berechtigtes Vertrauen in diese Zahlenlehre. Jeder ernsthafte Forscher, der sich bemühen würde, den Überlieferungen der mit okkulten Lehren vertrauten Völker bis in archaische Tage nachzuforschen, würde die gleiche überraschende bestätigende Entdeckung machen, daß überall, an allen Orten und Kulturräumen der Erde verteilt, fast gleiche Zähl- und Rechenweisen bekannt waren und verwendet wurden. Somit sind die grundlegenden, sich auch mit Maßen und Zahlen unseres Sonnensystems vereinbarenden Berechnungsarten schon zu Urzeiten angewandt worden.

Ehe ich meine Zahlenlehre gründlich auszuarbeiten begann, bemühte ich mich redlich und intensiv um die Erforschung sämtlicher anderer mit dem Gebiet der magischen Zahlen zusammenhängender okkulter Wissensgebiete. So fand ich heraus, daß die symbolischen Kennzeichnungen für die Zahlen durchgängig gleich sind und auch zu uns Menschen, die wir bestimmten Zahlen ,zugeordnet' sind, im Prinzip durchgängige gleiche Beziehungen haben.

Die okkulte Bedeutung der in Frage kommenden zweistelligen Zahlen, auf die ich an späterer Stelle dieses Buches zu sprechen komme, vermochte ich durch eigene jahrzehntelange mühevolle Forschungen und entsprechende Erfahrungen herauszuarbeiten. Obwohl wir also den genauen Ursprung der erstmals erfolgten Zuordnung der Zahlen zu den Planeten nicht genau feststellen können, ist das kein Grund, am Wert und an der Richtigkeit der alten Überlieferungen zu zweifeln, die durch neue Forschungen ergänzt und erweitert werden konnten.

Wir wissen nichts vom Ursprung des Lebens, wissen aber zugleich um die Existenz des Lebens als ,realste' und zugleich vielschichtig geheimnisvolle Erscheinung. Ja, für die meisten Erscheinungen innerhalb des Mysteriums ‚Leben' wissen wir keine exakte Erklärung, werden aber fortgesetzt der bedeutungsvollen Wirklichkeit dieser Erscheinungen gegenübergestellt.

Selbst die Zahl an sich ist in gewissem Sinne ein Mysterium, und wir wissen deren Ursprung auch nicht genau, wenden sie jedoch seit Urzeiten her an, und mit Recht bemerkt der französische Schriftsteller Balzac, daß ohne Anwendung von Zahlen unsere ganze Zivilisation zusammenbrechen würde.

Wahrscheinlich wurden zu biblischen Zeiten den Menschen infolge ihrer damals innigeren Verbindung mit Gott und der Schöpferkraft auch unmittelbare Offenbarungen über Geheimnisse des Lebens und des alles durchdringenden Geistes offenbar. Es war das Zeitalter, in dem die heute als ‚okkult' (verborgen) bezeichneten Weistümer mehr offenbar waren. Die Bibel selbst überliefert uns, daß ‚Gott mit Menschen zusammen ging'. In diesen Überlieferungen sind nicht nur Gleichnisse zu erblicken, sondern sie haben meist zugleich Wirklichkeiten zum Inhalt.

Einige der erleuchtetsten griechischen Philosophen des Altertums beschrieben jenes gottnahe Zeitalter in der Weise, als haben Götter zu den Menschen geredet und sie die Geheimnisse der Schöpfung gelehrt.

Diese Weisheit lesen wir auch in der Bibel. Denn Abraham, Moses, Elias und einige andere Auserwählte ‚sprachen mit Gott' ebenfalls. Eine eindringliche Erläuterung zu diesen Verkündungen geben auch die Worte Salomons in seinem ‚Buch der Weisheit', das zu den apokryphen (hinzugefügten) Büchern der Bibel gehört. Diese Worte lauten so:

„Einfältig habe ich es gelernt, milde teile ich es mit. Gott gab mir weislich zu reden. Er ist's, der auf den Weg der Weisheit führt und die Weisheit regiert. Er hat mir gewisse Erkenntnisse aller Dinge gegeben, daß ich weiß, wie die Welt gemacht ist und die Kraft der Elemente, der Zeiten Anfang, Ende und Mitte, wie der Tag zu- und abnimmt, wie die Zeiten des Jahres sich ändern, wie das Jahr herumläuft, wie die Sterne stehen, die Art der zahmen und wilden Tiere, wie der Wind stürmt und was die Leute im Sinn haben und mancherlei Art der Pflanzen und Kraft der Wurzeln. Ich weiß alles, was verborgen und offenbar ist. Die Weisheit, die aller Kunst Meister ist, lehrte mich's."

Könnte man sich wohl diesem unvergleichlich einleuchtenden, wuchtigen und zugleich sprachschönen Ausspruch des Weisen und dessen Wahrheit entziehen? Bedenken wir darüber hinaus, daß das echte Siegel Salomons kein anderes als der Siebenstern mit den neun Grundzahlen ist, der somit zur Grundlage unserer gesamten Berechnungen wurde, die wir für alles und jedes, seit eh und je und immerdar anwenden.

Sämtliche okkulten Studien führen zu der Tatsache, daß die alten Weisen die Methode kannten, jedem Menschen *seine eigene* Lebenszahl zuzuschreiben. Im Leben hat ein jegliches seine Zeit, und so haben selbst die Jahre, die Tage und Stunden, die sich wie Ringe an einer Kette aneinanderreihend die Kette des Lebens bilden, ihre bestimmte Zahl. Ich bin überzeugt, daß jeder Mensch, der sich diesen früher verborgenen und heute zugänglichen Lehren ernsthaft und vertrauensvoll zuwendet, nur solche Einsichten in die Gesetze der Schöpfung, die unser Dasein bestimmen, gewinnen kann, die ihm zum Segen gereichen.

In dieser okkulten Zahlenlehre ist nichts enthalten, was einer unserer Religionen oder einem Gebote Gottes zuwiderlaufen würde. Im Gegenteil bekennen wir uns stets zu Gottes erhabenem Willen, wenn wir uns den Naturgesetzen und auch den naturmagischen Gesetzen fügen und uns dieser zum Segen anderer und zu unserem eigenen Segen bedienen. Keine einzige Zeile in der Heiligen Schrift besagt, daß es Gottes Wunsch und Wille wäre, uns leiden zu lassen, es sei denn, das Leiden ist eine Folge unserer eigenen Unklugheit und Missetat. Schafft sich der Mensch oft nicht selbst Leiden und Bestrafungen durch Mißachtung der Naturgesetze? Ist es nicht natürlich und einleuchtend, daß wir im Leben glücklicher wären, daß wir gesünder und erfolgreicher, in jedem Sinne zufriedener sein würden, wenn wir unserer eigentlichen, von Gott gewollten Bestimmung folgten und nach innerer Vervollkommnung strebten und wenn wir danach trachteten, uns mit den Erkenntnissen der Natur- und Geistesgesetze des Lebens vertraut zu machen, um mit den kosmischen Mächten in Harmonie und Gleichklang zu kommen?

Ein realer Vergleich diene als Erläuterung des eben Gesagten. Wenn ein junger Arbeiter sich durch verkehrte Betätigung einer Maschine verletzt und dadurch Unglück auf sich geladen oder gar sein Leben eingebüßt hätte, würde dann einer Mitleid mit ihm haben, wenn er mutwillig und ganz bewußt die falsche Betätigung der Maschine vorgenommen haben würde?

Geschah der Unfall aus Unwissenheit oder Unachtsamkeit jenes Arbeiters, so würde er später fast ohne Zweifel auch behaupten, daß das Leben ungerecht und hart sei und sein Verhängnis verfluchen, ohne einmal zu überlegen, welches die Ursachen dieses Verhängnisses waren, welchen Grad an Selbstverschulden ihn an seinem Mißgeschick traf oder welche anderen Mächte daran beteiligt sein mochten. Wir lernten einst zu beten: ‚Vater, Dein Wille geschehe wie im Himmel also auch auf Erden.‘ Wer aber denkt wohl einmal ernstlich darüber nach, was dieser Wille ist und wessen er ist, dem die himmlischen Geister gehorchen. Ist jenes heilige Gebet ganz in Vergessenheit geraten?

Zahlreiche unzufriedene und unglückliche Menschen gibt es auf Erden. In mancher Beziehung haben sich viele unserer sozialen Wohlfahrtsbestrebungen als Sackgassen erwiesen, die dem Menschen keine echte Erleichterung bringen. Die kirchlichen Lehren unserer Tage befriedigen im allgemeinen nicht mehr. Aber wer wollte wohl unwissend bleiben, wenn er Wissende unter sich leben wüßte? Sachte und doch wieder vernehmlich zeigt sich das, was zur Rettung zu ergreifen ist, und das, was zu vermeiden ist. Wie viele fanden durch ihren Glauben keinen Trost mehr und vernachlässigten ihre Religion deswegen, weil sie zu bekennen hatten, daß sie ‚erbärmliche Sünder‘ seien. Doch seid ihr, die ihr nicht mehr glauben könnt, an gar nichts Höheres, den Sinn des Daseins und des Weltganzen Beweisendes, nicht viel schlimmer daran, denn euer Unglaube ist es, der euch den Unfrieden bringt.

Wie werdet ihr, liebe Leser, nun diese soeben vorgetragene Gedanken, die euch eine neue Anschauung des Lebens vermitteln sollen, beurteilen und hinnehmen? Ihr könntet durch diese Gedanken doch neues Interesse am Leben bekommen, eine neue Lebensauffassung könnte in euch erweckt werden, ja mancher würde sogar ein religiöser Mensch im neuen vertieften und umfassenden Sinne werden. Jenem, der sich dieser umfassenden Lehre der alten Weisen widmet, werden auch bisher geheimnisvolle und verborgene Weisheiten der heiligen Schriften klar zum Bewußtsein kommen und ihren Gehalt ewiger Wahrheit preisgeben. Die Schlüssel zu den alten erhabenen Mysterienweisheiten, die den Priestern anvertraut waren, sind der Überlieferung längst entschwunden und uns nur in beinahe unverständlich gewordenem Brauchtum erhalten geblieben.

Zugehörigen aller Religionen kann dieses alte Weistum von Bedeutung werden. Der Christ findet in Zahlen- und Tierkreis-Symbolik eben solche Quellen der Weisheit wie der Jude. Die zwölf Stämme Jakob spiegeln sich in den zwölf Tierkreiszeichen wider, wie auch die zwölf Steine auf der Brust der Hohenpriester hier ihr Symbol finden oder der Bau des Tabernakels. Die oft gehörte Ermahnung, daß wir nach den heiligen Geboten leben sollen, wird im Lichte der okkulten Überlieferung die gleiche rechte Bewertung finden wie die Himmelshäuser im Tempel Salomos.

Wir werden uns erinnern, daß das aus der Knechtschaft der Ägypter ziehende Volk Israel in vier Gruppen aufgeteilt war und jede Gruppe eine Standarte trug, auf der die Vierteilung des Tierkreises mit den Namen der Söhne Jakobs, von dem die zwölf Stämme abstammen, abgebildet war, somit den ganzen Tierkreis symbolisierend.

Die Zehn Gebote, die Moses auf dem Berge Sinai empfing, haben auch zahlenmäßig ihre Bedeutung. Die Ziffer 1 versinnbildlicht den Anfang, die ,erste Ursache', den Schöpfer; während die Ziffer ,0' als Symbol des Ewigen angewandt wird.

Besonders auch jedem Christen, möge er Katholik, Protestant oder freier Christ sein, vermag die in diesem Buch enthaltene Lehre das Vertrauen in die Herrlichkeit unseres Schöpfers neu zu stärken, und manches bisher unverständliche oder weniger verständliche religiöse Wissensgut wird in helleres Licht gerückt werden. Manche werden die Schöpfungsgeschichte besser verstehen und die sechs Tage der Arbeit und den siebenten der Ruhe als Bestandteil der kosmisch-harmonischen Zahlenordnung erkennen. Ebenso weist die Zahl der zwölf Jünger auf eine Analogie zu den zwölf Tierkreiszeichen hin. Auch erfuhr die Todesstunde Christi, ,als die Sonne an einem Freitag unterging', im Lichte dieser Lehre eine neue Deutung, die vorher unbeachtet blieb. In der Schöpfungsgeschichte heißt es, daß Gott am siebenten Tage von allen seinen Werken ruhte. Der siebente Tag des Alten Testamentes aber entspricht unserem Sonnabend, der dem ·Saturn ,untersteht'. Der Saturn aber ist der von der Sonne am weitesten entfernte der ,schöpferischen' Planeten und symbolisiert die ,Ruhe von der Arbeit', das Verzichtleisten und die Abkehr von irdischen Freuden und Begierden und auch den irdischen Tod. So bezog sich auch Christus, der Herr, in diese ewige Symbolik ein, als er seine im Erdenkleide ausgeführte Mission beendete, als die Sonne bei seiner Kreuzigung unterging und die Zeit des Saturn nahte.

Als aber ,am ersten Tage der Woche, als die Sonne aufging', nämlich einem Sonntage, Jesus Christus aus dem Grabe auferstand, entsprach er wiederum der erhabenen Sternensymbolik, denn er wurde auch die Sonne der Gerechtigkeit genannt.

Weil aber die Menschheit unseres Zeitalters dringend eine brauchbare Richtlinie für die letztlich auch notwendige weltliche und praktische Gestaltung des Lebens sucht und wertvolle Ratschläge zur Meisterung des täglichen Lebens benötigt, habe ich, um *allen* Menschen das Verständnis für die zahlenmagische Lehre nahezubringen, Jahrzehnte daran gearbeitet, um die beste Methode herauszukristallisieren, die es ermöglicht, die sich aus der Tageszahl des Geburtstages ergebenden positiven bzw. glückhaften Zeiten und Tage des Lebens selbständig zu ermitteln.

Würde beispielsweise ein Geschäftsmann sich nur einige Wochen bemühen, die ‚persönliche Zahl' in seinen Unternehmungen zu beachten bzw. zu bevorzugen und richtig ‚einzusetzen', so würde er bald freudig überrascht erkennen, daß ihm an den Tagen seiner ‚Glückszahl' mehr gelingt als sonst und daß seine Lebenskräfte in den seiner Geburtenzahl zugeordneten Jahresabschnitten besonders aktiviert und günstig beeinflußt sind, was namentlich auch von den sogenannten ‚persönlichen Glückstagen' gilt. Auf der anderen Seite wird der Mann feststellen, daß die für ihn schlechtesten Zeiten und Tage jedes Mal die waren, deren Zahlen nicht in Harmonie zur eigenen ‚Geburtstags-Zahl' bzw. ‚Geburtszahl' standen.

‚Unser Mann' wird ferner an sich beobachten können, daß die Zeiten seiner verminderten Lebenskraft und Gesundheit und die Zeiten seiner verstärkten Lebenskraft überwiegend mit ungünstigen oder günstigen Planetenkonstellationen zusammenhängen, die ihrerseits wieder in den Zahlenentsprechungen ihren Ausdruck finden.

Falls nun der Geschäftsmann unseres Beispiels nicht von unüberwindlichen Vorurteilen eingeengt ist, so wird er insofern das Bestmögliche aus der okkulten Zahlenlehre zu gestalten gewillt sein, indem er versucht, alle wichtigen Pläne, soweit das nur geht, den, wie wir später sehen werden, leicht zu ermittelnden Tagen mit positiver Tendenz vorzubehalten. In gewissem Sinne wird unser Schicksalsgestalter, und Sie alle, liebe Leser, können zu Ihren Schicksalsgestaltern im Rahmen der vorgeschriebenen höheren Ordnung werden, kein Spielball und Opfer des ‚Zufalls' mehr sein. Selbstverständlich kann ihm die Zahlenlehre nicht ausschließliches Glück garantieren oder Unannehmlichkeiten garantiert abwenden, da gewisse Schicksalsläufe höheren göttlichen Lenkungen vorbehalten bleiben; aber da eben die Zahlenlehre auch mit höheren, esoterischen Gesetzen in Einklang steht, vermag er gerade dadurch in hohem Grade ‚Selbstgestalter seines Schicksals' zu werden, worin ein unschätzbarer Wert und Vorteil liegt.

Nach geraumer Zeit wird dem okkulten Zahlenpraktiker die Erfahrung zuteil, daß er mit *weniger* Anstrengungen *mehr* zu leisten und zu erreichen imstande ist und auch zufriedener und ausgeglichener werden kann. So wird er gerne die Nutzanwendung der Zahlenlehre auch in seiner Umwelt, in seiner Familie und eben in seinem ganzen Lebensumkreis vornehmen, um wiederum erfreut festzustellen, wieviel weniger Zwistigkeiten und Stunden des Mißmuts vorkommen, denn nunmehr hat er ja ein Mittel, sich den rechten Weg zu bahnen, und der rechte Weg ist zugleich immer der möglichst friedliche und harmonische Weg. Es werden ihm auch die vorkommenden schlechten Stimmungslagen seiner Nächsten, sagen wir seiner Ehepartnerin, in anderem Lichte erscheinen, denn er vermag nachzurechnen, daß in den meisten Fällen mißlicher Tage auch bei seinen Nächsten deren ‚Zahlen nicht in Ordnung sind'. Diese Schwierigkeiten wird er nun auch für die Partnerin oder andere nahestehende Menschen mittels der Zahlenlehre zu überbrücken suchen. Und wenn unser Praktiker dann feststellen wird, daß die Brauchbarkeit der okkulten Zahlenlehre durchgängig gewahrt bleibt und deren Gesetzmäßigkeiten immer wieder beobachtet werden, so wird er voller Dankbarkeit dem ewigen, einen *Gesetz* gegenüberstehen, das im Weltall und im Dasein des Menschen das Größte und das Kleinste regiert.

Der bisher Erfolglose im Leben kann durch richtige Anwendung der Zahlenlehre zu Erfolg gelangen; der bereits Erfolgreiche kann noch bessere Erfolge erzielen, und ein jeder könnte dem Leben neue Aspekte abgewinnen. Der Suchende aber wird zu einer befreienden und beseligenden kosmischen Ganzheitsschau gelangen.

Ich möchte meine Leser eindringlich bitten, mit meiner Zahlenlehre doch ernstgemeinte intensive Versuche anzustellen, denn ich wurde selbst in mehr als vierzigjähriger Forschung auf den Gebieten des Okkultismus von deren Richtigkeit und Nützlichkeit überzeugt. Viele Tausende von Menschen kamen während dieser Jahrzehnte zu mir, um sich in Lebensproblemen praktisch beraten zu lassen, und hervorragende Hilfe bei dieser Beratungstätigkeit war mir stets die okkulte Zahlenlehre. Ich meine sicher zu sein, daß kaum jemand, der die geheimnisvollen Zahlenbedeutungen und -verknüpfungen einmal in ihrem Wesen erkannt hat, die Chance deren nutzbringenden Anwendung nicht wahrnimmt, denn daß sie mit dieser Methode durch dieses Buch bekannt gemacht werden, ist auch eine weise Fügung.

Wahrscheinlich wissen vom Okkultismus nur so wenige Menschen etwas, weil sie sich noch keine redliche Mühe gegeben haben, sich mit diesen Lehren zu befassen. Die geheimnisvolle Symbolik einer okkulten Lehre allgemeinverständlich zu fassen, gelingt indessen auch nur selten. Eben diese allgemeinverständliche Fassung der okkulten Zahlenlehre ist mein besonderes Anliegen.

Da ich mein ganzes Leben der Ergründung okkulter Zusammenhänge gewidmet habe, darf ich sicherlich auch hiermit ganz wenige Briefauszüge als Beispiel für viele ähnlich lautende zitieren. Es sind Mitteilungen von Menschen, die auf meine Ratschläge, die okkulte Zahlenlehre betreffend, gehört haben und denen ich damit entscheidend helfen konnte.

Pfarrer und Superintendent W. L. Davidson aus Chatauqua, USA, schrieb: „Cheiro vermochte mich durch seine überraschend zutreffenden Aussagen auf Grund seines Zahlensystems derart zu überzeugen, daß ich nicht mehr an der Qualität der Methode zweifle und geneigt bin, mich weiterhin mit dem Gebiet des Okkultismus zu befassen."

J. Hart Brougham schrieb: „Meinen Lebenserfolg verdanke ich Cheiros Lehren."

J. B. Harvey, stellvertretender Generalstaatsanwalt bei der US-Regierung, Verwaltungsbezirk Cleveland, teilte mir mit: „Was Sie mir sagten, war mir eine Offenbarung. Ihre Angaben stimmten so genau, daß ich von Ihrem System überzeugt bin."

Frau J. W. Chapman schrieb: „Mein Leben war so lange voller Irrungen und Wirrungen, bis Sie mir die Zahlenlehre unterbreiteten. Seit ich mit diesem System arbeitete und es praktisch anwandte, hat sich alles zum Guten gewendet. Ich war ein unglücklicher Mensch, und heute bin ich eine erfolgreiche Frau auch im Alltag und in meinem Familienleben glücklich."

J. W. B. aus London teilte mit: „Ich wandte Ihre Zahlenmethode während einiger Monate in meiner beruflichen Tätigkeit an. Zunächst beobachtete ich die Resultate mehr gleichgültig und leicht neugierig. Doch eines Tages mußte ich einsehen, daß die nach den Zahlen errechneten günstigen und ungünstigen Zeiten tatsächlich so großartig genau zutreffen, daß ich meine Skepsis ablegte und nunmehr meine wichtigen Entscheidungen nur mehr zu günstigen Zeitpunkten treffe, wie ich sie aus Ihrer Methode ermitteln kann."

Diese wenigen Zitate von meiner Zahlenmethode begeisterter Menschen genügen meines Erachtens, um darzulegen, daß diese Methode tatsächlich in allen Problemen des täglichen Lebens als Methode zur Lösung dieser Schwierigkeiten anwendbar ist. Im allgemeinen kann jeder, der diese Zahlenlehre anwendet, eine gewisse Lebensverbesserung, Erfolg und auch Zufriedenheit erringen, wobei sich dieser Erfolg natürlich in Relation zur betreffenden Persönlichkeit ergibt.

Mit diesem Buche gebe ich gerne wertvolle Erfahrungen bekannt, die nicht zuletzt dazu beitragen sollen, Ihr Leben nicht nur äußerlich zu verbessern, sondern auch zu Ihrer inneren Vervollkommnung zu dienen.   *Cheiro*

KAPITEL I

Die Planetenzahlen der Monate

Obwohl ich in diesem Buche namentlich die okkulte Bedeutung der Grundzahlen (Einerzahlen) und der zusammengesetzten Zahlen im Hinblick auf das menschliche Lebensgeschick zu erklären beabsichtige, ist es zum besseren Verständnis dieser Lehre erforderlich, noch kurz auf die zwölf Monate in bezug auf die zwölf Tierkreiszeichen und auf die jeweilige Planetenzahl einzugehen.

Unser eigentliches Sonnenjahr beginnt dann, wenn die Sonne bei ihrem Jahresablauf um die gedachte Bahn der Ekliptik den Ort des sogenannten Frühlingspunktes erreicht, d. h. zur Zeit der Frühlings-Tag- und -Nachtgleiche, etwa zwischen dem 21. und 23. März. Die Bahn des gesamten Tierkreises, der aus zwölf Tierkreiszeichen zu je 30 Graden besteht, wird von der Sonne in etwas weniger als 365 $^1/_4$ Tagen durchmessen. Täglich schreitet die Sonne also rund einen Tierkreisgrad fort.

Da die Erde sich ihrerseits innerhalb von je 24 Stunden um ihre eigene Achse dreht, entsteht daraus die bekannte Erscheinung, daß die zwölf Tierkreisbilder, die bereits in alten Zeiten als die ‚Himmelszeichen' bekannt waren, in etwa 24 Stunden je einmal über jeden Punkt der Erdkugel scheinbar hinwegziehen. Der Mond verweilt bei seinem Umlauf jeweils etwa 2$^1/_2$ bis 3 Tage in jedem der Tierkreiszeichen und umwandelt die Erde binnen eines ‚Mond-Monats' von etwa 28 Tagen. Dieses wundervolle Himmels-Uhrwerk, wenn ich es so nennen darf, funktioniert in stets gleichbleibender Präzision und ist für sich allein schon ein Beispiel für die nach Maß und Zahl wohlberechnete Harmonie des Kosmos.

Das erste Tierkreiszeichen wird *Widder* genannt. Der Sonnendurchlauf durch dieses Zeichen erfolgt etwa vom 21. März bis zum 19. April. In dieser Zeit ist auch das Zeichen Widder und die ihm zugeordnete Zahl 9 von besonderer Bedeutung. Der Planet Mars im positiven Aspekt ist Herrscher des Zeichens Widder. Die 9 ist die Mars-Zahl.

Das zweite Tierkreiszeichen wird *Stier* genannt. Seine Zeit: 20. April bis 20. Mai. Seine Zahl ist die 6, die der Venus zugeordnet ist und das Zeichen im positiven Aspekt beherrscht.

Das dritte Tierkreiszeichen wird *Zwillinge* genannt. Seine Zeit: 21. Mai bis 20. Juni. Herrscherplanet: Merkur in positivem Aspekt. Zugeordnete Zahl: die 5.

Das vierte Tierkreiszeichen wird *Krebs* genannt. Seine Zeit: 21. Juni bis 20. Juli. Herrscherplaneten: Mond im positiven Aspekt und Neptun. Zugeordnete Zahlen: die Mond-Zahl 2 *und* die Neptun-Zahl 7.

Das fünfte Tierkreiszeichen wird *Löwe* genannt. Seine Zeit: 21. Juli bis 20. August. Herrscherplaneten: Sonne im positiven Aspekt und Uranus. Zugeordnete Zahlen: die Sonnen-Zahl 1 *und* die Uranus-Zahl 4.

Das sechste Tierkreiszeichen wird *Jungfrau* genannt. Seine Zeit: 21. August bis 20. September. Herrscherplanet: Merkur im negativen Aspekt. Zugeordnete Zahl: die 5.

Das siebte Tierkreiszeichen wird *Waage* genannt. Seine Zeit: 21. September bis 20. Oktober. Herrscherplanet: Venus im negativen Aspekt. Zugeordnete Zahl: die 6.

Das achte Tierkreiszeichen wird *Skorpion* genannt. Seine Zeit: 21. Oktober bis 20. November. Herrscherplanet: Mars im negativen Aspekt. Zugeordnete Zahl: die 9.

Das neunte Tierkreiszeichen wird *Schütze* genannt. Seine Zeit: 21. November bis 20. Dezember. Herrscherplanet: Jupiter im positiven Aspekt. Zugeordnete Zahl: die 3.

Das zehnte Tierkreiszeichen wird *Steinbock* genannt. Seine Zeit: 21. Dezember bis 20. Januar. Herrscherplanet: Saturn im positiven Aspekt. Zugeordnete Zahl: die 8.

Das elfte Tierkreiszeichen wird *Wassermann* genannt. Seine Zeit: 21. Januar bis 19. Februar. Herrscherplanet: Saturn im negativen Aspekt. Zugeordnete Zahl: ebenfalls die 8.

Das zwölfte Tierkreiszeichen wird *Fische* genannt: Seine Zeit: 19. Februar bis 20. März. Herrscherplanet: Jupiter im negativen Aspekt. Zugeordnete Zahl: die 3.

(Anmerkungen: Der Uranus wird auch als Herrscher bzw. Mitherrscher des Zeichens Wassermann angesehen, der Neptun als Herrscher bzw. Mitherrscher des Zeichens Fische und neuerdings der Pluto als Herrscher bzw. Mitherrscher des Zeichens Skorpion. Diese Zuordnungen haben jedenfalls in der modernen Astrologie Gültigkeit. Doch stützen wir uns hier in erster Linie auf Cheiros erprobte Forschungen, die ihrer Natur nach eher zahlenmagisch als astrologisch sind. E. M. Körner.)

Wir kommen nun zum Ausgangspunkt zurück. Wie bereits erwähnt, durchläuft die Sonne in ihrem Jahreslauf bzw. in ihrem scheinbaren Jahreslauf nacheinander alle zwölf Tierkreiszeichen. Nun erfolgt beim Übergang der Sonne von einem Tierkreiszeichen in das folgende ein deutlich feststellbares Ineinandergreifen der verschiedenen symbolischen Zahlenwirkungen. Das monatlich neu aufziehende Tierkreiszeichen besitzt jeweils etwa vom 20. bis zum 27. Tage jeden Monats noch einige Eigenschaften der Symbolzahl des vorhergehenden Tierkreiszeichens, und überdies sind die in der Aufstellung der einzelnen Monatszahlen angegebenen Daten für den Aufenthalt der Sonne in den einzelnen Zeichen Rahmenwerte, die gelegentlich um einen bis drei Tage unter- oder überschritten werden.

Weiterhin ist zu beachten, daß die Herrscherplaneten der Tierkreiszeichen in ihrem ‚positiven‘ Aspekt mehr physische, aktive und derbe Auslösungen als Entsprechungen haben, während die ‚negativen‘ Aspekte mehr die Entsprechung geistiger, seelischer, passiver Ereignisauslösungen aufweisen.

Zum Beispiel wurde als Symbol der magischen 9, die dem positiven Mars-Aspekt für das Tierkreiszeichen Widder entspricht, oft ein Kämpfer mit geschlossenem Visier, der ein Schwert in der Hand hält, angenommen. Die 9 des negativen Mars-Aspektes, der dem Tierkreiszeichen Skorpion zugeschrieben wird, wurde ebenfalls durch einen Kämpfer dargestellt, dessen Visier jedoch geöffnet ist und dessen Schwert in der Scheide steckt. Das erste Symbol deutet also eher auf den körperlich Kämpfenden, das letztere auf den mehr geistigen Kämpfer. Die Bezeichnungen ‚positiv‘ und ‚negativ‘ beziehen sich im Falle dieser Aspekte der Herrscherplaneten also nicht auf Qualitätspole, sondern auf die mehr grob- oder feinstoffliche bzw. materielle oder geistige Auswirkungsebene.

Nach unserer okkulten Zahlenlehre ergeben sich folgende Entsprechungszahlen für die Wochentage und die Planeten, die wir, um deren Auswendiglernen besser zu ermöglichen, nochmals in Tabellenform zusammenstellen:

Wochentag	Zahlenentsprechung
Sonntag	1 *und* 4
Montag	2 *und* 7
Dienstag	9
Mittwoch	5
Donnerstag	3
Freitag	6
Sonnabend	8

Planet	Zahlenentsprechung
Sonne	1
Mond	2
Jupiter	3
Uranus	4
Merkur	5
Venus	6
Neptun	7
Saturn	8
Mars	9

Den Gestirnen Sonne und Mond wurden je zwei Zahlen zugeordnet. Da die Sonnenzahl 1 zur Uranuszahl 4 in gleichsam magischer Verwandtschaft steht, wählen wir für diese Zahlenverbindung die abgekürzte Schreibweise ‚1-4‘, und die von diesen Zahlen ‚regierten‘ bzw. diesen Zahlen entsprechende Menschen sind die ‚Einsvierer‘. Ebenso verhält es sich mit der Verwandtschaft der Mondzahl 2 zur Neptunzahl 7. Wir schreiben diese Verbindung so: ‚2-7‘ und nennen die Menschengruppen dieser Zahlen die ‚Zweisiebener‘.

Die ‚Einsvierer‘, das sind also jene Menschen, denen die Zahlen 1 und 4 als einstellige Zahl oder als Quersumme ihres Geburtstages zugehört (nämlich die am 1., 4., 10., 13., 19., 22., 28. und 31. eines Monats Geborenen), fühlen sich überwiegend zu den ‚Zweisiebenern‘ hingezogen, das sind also die am 2., 7., 11., 16., 20., 25. und 29. eines Monats Geborenen.

Ein noch innigeres Zusammengehörigkeits- oder Sympathieempfinden ergibt sich zumeist zwischen jenen Menschen, die an einem der eben erwähnten Daten entweder im Mondzeichen Krebs, das ist etwa in der Zeit vom 20. Juni bis 25. Juli, oder aber im Sonnenzeichen Löwe geboren wurden, das ist die Zeit etwa vom 20. Juli bis 25. August, wobei bereits der Umstand der noch in die ersten Tage der Herrschaft des darauffolgenden Tierkreiszeichens hineinragenden Entsprechungswirksamkeit des vorhergehenden Zeichens bzw. dessen Zahl und Planetenherrschers berücksichtigt wurde.

KAPITEL II

Allgemeines über die neun Grundzahlen

Die *neun* Grundzahlen bzw. einstelligen Zahlen, auf denen, wie
wir bereits früher erwähnten, unsere gesamten okkulten und
mathematischen Berechnungen beruhen, entsprechen in der okkulten Symbolik neun astrologisch wichtigen Planeten. Berechnen
wir die Quersummen aller Zahlen über 9, so erhalten wir die
beständige Wiederholung der neun Grundzahlen, wenn wir jede
zusammengesetzte Zahl auf die Grundzahl reduzieren. Die 10
ergibt als Quersumme also die 1, da $1 + 0 = 1$ ergibt, die 11
ergibt die 2 ($1 + 1 = 2$), die 999 ergibt die 9 ($9 + 9 + 9 = 27 = 2 + 7 = 9$), die 56789 ergibt die 8 ($5 + 6 + 7 + 8 + 9 = 35 = 8$)
usw.
Diese einstellige Grundzahl, die wir als Quersumme aus *jeder*
natürlichen, in Ziffern dargestellten Zahl leicht errechnen können,
symbolisiert gleichsam die okkulte Qualität jeder Zahl.
Diese neun Grundzahlen geben auch in erster Linie den Ent-
sprechungsaufschluß in unserem Leben und Schicksal, da sie den
Planetenbedeutungen gleichkommen und diese ,stellvertretend'
anzeigen.
Ich werde mich in diesem Buche bemühen, meine okkulte Zahlenlehre so schlicht und allgemeinverständlich und dabei trotzdem
so ausführlich wie möglich darzulegen, damit jeder verständige
Leser des Buches zu erkennen lernen vermag, was die Zahlen in
seinem täglichen Leben bedeuten und wie er sie zur besseren
Lebensgestaltung anwenden kann.
Ohne verwirrende und deshalb ohne überflüssige Erklärungen
werde ich in den nächsten Kapiteln angeben, wie es für jeden
Menschen möglich ist, die in seinem Leben vorherrschende okkulte
Zahl herauszufinden, und wie er diese Kenntnis anwenden kann.

Die ersten Zahlenzuordnungen zu den Planeten erfolgten bereits in ältesten Kulturzeiten der Menschheit, und zwar wurden sie später von allen Stämmen und Völkern übernommen, die sich mit okkulten Lehren befaßten, seien es die Chaldäer, Inder, Ägypter oder Hebräer.

Durch meine auf Grund dieser wertvollen alten Erkenntnisse weiterhin angestellten Forschungen ergab sich die Erkenntnis der Bedeutung der das ganze Menschenleben begleitenden ‚Schlüsselzahl‘, die sich aus dem Tagesdatum der Geburt des Betreffenden ergibt. Der Vergleich zwischen der eine bestimmte Planetensymbolik vertretenden Geburtstagszahl mit der sogenannten ‚Namenszahl‘, deren Berechnungsweise ich später angebe, läßt wertvolle Schlüsse über die eigene Wesensstimmung und Aussagen über Harmonie oder Disharmonie zu anderen Menschen und manche interessanten Enthüllungen mehr zu.

KAPITEL III

Die Bedeutung der Zahl 1

Die Zahl 1 ist die Symbolzahl für die Sonne, und sie ist auch symbolisch aller Dinge Anfang. Die Einheit durchdringt sämtliche Zahlen. Sie, die Zahl 1, ist Ursprung, Basis und Ausgangspunkt nicht nur aller Zahlen, sondern auch, im übertragenen Sinne, des Lebens überhaupt. Diese Zahl versinnbildlicht das Ursprüngliche, das Individuelle, das Positive und Schöpferische.

Die Menschen, die der Zahl 1 im Sinne der okkulten Zahlenlehre ‚unterstehen', neigen zu schöpferischem Tun. Sie haben meist ausgeprägte Eigenarten, sind Originale im guten Sinne des Wortes. Viele sind auch begabt, forschende Wissenschaftler, Techniker und Erfinder zu werden. Die ‚Einer', wie wir diese Menschen nennen wollen, sind zumeist zäh, durchsetzungsfähig, gelten zwar oft als eigenwillig, doch verbindet sich mit dieser Eigenwilligkeit auch eine Treue zum Ziele und das Vermögen, die geplanten Unternehmungen auch durchzuführen.

Die Einer sind diejenigen Menschen, die am 1., 10., 19. und am 28. eines beliebigen Monats geboren sind. (Die Quersumme dieser Zahlen ist stets die Zahl 1.)

Die Zahl 1 übt namentlich eine besondere symbolische Bedeutung bei jenen Menschen aus, die an den betreffenden ‚Einer-Tagen', etwa zwischen dem 19. Juli und 28. August, geboren sind, und auch bei jenen Menschen, die etwa zwischen dem 19. März und 28. April geboren wurden; denn in diesem Falle herrscht die Zeit der Frühlings-Tag- und -Nachtgleiche vor, die primär durch die Sonne (der wiederum die Zahl 1 zugeordnet ist) ‚verursacht' wird. Wie bereits früher erwähnt, erfährt die okkulte Zahlenbedeutung der allgemeinen Geburtstagszahl eine intensivere, vertieftere

Bedeutung, wenn die Geburt auch noch in den von der Zahl 1 ,beherrschten' Monaten stattfand, wie wir ausführlich erläutert haben.

Die ,Einer' sind ehrgeizig und strebsam und stellen sich Widerständen mutig und tatkräftig entgegen. Die meisten von ihnen schaffen sich in ihrem Beruf eine gute Position, erklimmen verantwortungsvolle Führungsposten, und als Vorgesetzte vermögen sie sich ihre natürliche Autorität zu wahren und zugleich von den Untergebenen anerkannt zu werden.

Die ,Einer', also die Menschen, denen die Zahl 1 nach der okkulten Zahlenlehre zugeordnet ist, würden bestimmt am besten daran tun, wichtige Pläne und Vorhaben an jenen Tagen zu beginnen und möglichst auszuführen, die in planetarem Gleichklang mit ihrer Geburtstagszahl sind; also am 1., 10., 19. und am 28. eines Monats. Die günstigste Zeit für wichtige Vorhaben aller Art sind wiederum die Jahresabschnitte vom 19. Juli bis zum 28. August und vom 19. März bis zum 28. April.

Die ,Einer' harmonieren im allgemeinen am besten mit den anderen ,Einern' und auch mit den Menschen, denen die Zahlen 2, 4 oder 7 zugeordnet sind. Dabei handelt es sich wiederum um jene Menschen, die am 2., 4., 7., 11., 13., 16., 20., 22., 25., 29. und 31. eines beliebigen Monats geboren sind. Sie harmonieren vor allem wiederum mit jenen, die an den genannten Tagesdaten in einem der beiden für diese Zahlen zuständigen Tierkreiszeichen geboren wurden. Diese Geburtstage fallen wiederum in die bereits erwähnten März/April- und Juli/August-Abschnitte.

Sonntag und Montag sind für die ,Einer' die günstigsten Wochentage, vor allem, wenn diese Tage auch noch auf den 1., 10., 19. oder 28. Tag eines Monats fallen. Die nächstgünstigen Tagesdaten für die ,Einer' ergeben sich aus den der 2, 4 und 7 zugeordneten Datengruppe. Diese Tagesdaten sind selbstverständlich, wie Sie inzwischen auch sicher selbst leicht errechnen können, der 2., 4., 7., 11., 13., 16., 20., 22., 25., 29. und 31.

Die hauptsächlich fördernden Farben für die ‚Einer' sind die folgenden: alle goldfarbenen Tönungen, bronzefarben, goldbraun und gelb bis orange.

Als Glückssteine dieser Gruppe gelten der Topas, besonders der Goldtopas, der Bernstein, gelblich getönte Diamanten und alle anderen Edel- und Halbedelsteine in goldgelber Tönung. Für den, der Vorliebe für Steine hat, ist es empfehlenswert, ein schönes Bernsteinstück dicht auf der Haut zu tragen.

EINIGE PERSÖNLICHKEITEN, die zu den ‚EINERN' gehören

Name und Stellung	Geburtstag
Paul Cézanne (Maler)	19. Januar
Auguste Piccard (Naturforscher)	28. Januar
Hugo von Hofmannsthal (Dichter)	1. Februar
Sven Hedin (Naturforscher)	19. Februar
Königin Luise	10. März
Max Reger (Komponist)	19. März
Otto von Bismarck	1. April
Samuel Hahnemann (Homöopathie-Begründer)	10. April
Kaiser Rudolf I. von Habsburg	1. Mai
Bertrand Russell (Philosoph)	1. Mai
Johann Gottlieb Fichte (Philosoph)	19. Mai
Karl Hagenbeck (Tierparkgründer)	10. Juni
Charles Laughton (Schauspieler)	1. Juli
Marcel Proust (Schriftsteller)	10. Juli
Adele Sandrock (Schauspielerin)	19. August
J. W. v. Goethe	28. August
Annie Besant (Theosophin)	1. Oktober
Oskar Kokoschka (Maler)	1. Oktober
Giuseppe Verdi (Komponist)	10. Oktober
„Cheiro" alias Count Louis Hamon (Okkultist)	1. November
Martin Luther	10. November
Friedrich von Schiller	10. November
Paracelsus (okkulter Mediziner)	10. Dezember
König Gustav II. Adolf von Schweden	19. Dezember

KAPITEL IV

Die Bedeutung der Zahl 2

Die Zahl 2 wird symbolisch dem Mond zugeordnet. Die „Zweier"-Menschen harmonieren im allgemeinen gut mit den „Einern", da die Entsprechungsbedeutungen der Sonne (der die 1 zugehörig ist) und des Mondes einander ergänzen, gerade weil sie in manchem Sinne Gegensätze darstellen.

Die ‚Zweier' sind von Natur aus eher sanft- und zartfühlend. Sie haben eine rege Phantasie, sind künstlerisch begabt, idealistisch und romantisch, aber auch wie die ‚Einer' nicht ohne Sinn und Begabung für Technik, Naturwissenschaft und Erfindertum. Die ‚Zweier' sind im allgemeinen körperlich weniger kräftig und widerstandsfähig als die ‚Einer', vermögen diesen Umstand aber durch echtes Bemühen um Geduld und Ausdauer wieder wettzumachen.

Der Zahl 2 gehören im zahlenmagischen Sinne alle jene Menschen zu, die am 2., 11., 20. und 29. jeden Monats geboren sind. Besonders ausgeprägt erscheinen die ‚Zweier'-Eigenschaften bei jenen, die an genannten Tagen zwischen dem 20. Juni bis 29. Juli geboren sind. In diesem Jahresabschnitt ist die symbolische Mondwirkung vorherrschend.

Die obengenannten Tage sind auch für die ‚Zweier' am förderlichsten zur Durchführung wichtiger Pläne, und wiederum gilt die Zeit vom 20. Juni bis spätestens zum 29. Juli als besonders günstig.

Als günstigste Wochentage gelten für diese Gruppe Menschen der Sonntag, Montag und der Freitag. Wenn diese Wochentage wiederum auf ein den ‚Zweiern' entsprechendes Datum fallen (also auf den 2., 11., 20. oder 29. eines Monats), können sie als besonders förderlich genutzt werden. Die nächstgünstigen Tagesdaten sind jene, die den Zahlen 1, 4 und 7 zugehören, also dieses Tagesdatum selbst oder dessen Quersumme aufweisen.

Außer mit ‚Einer'-Menschen harmonieren die ‚Zweier', wenn auch in etwas geringerem Grade, mit den ‚Siebenern'.

Negative Seiten der ‚Zweier', die als Anlage bekämpft werden sollten, bestehen im Mangel an Beharrlichkeit, der, wie oben bereits erwähnt, durch redliches Bemühen um Ausdauer behoben werden kann, und in der Neigung zu Überempfindlichkeit und Melancholie, wenn sie besonders mit Menschen zusammen sind, die ihrer Art nicht gemäß sind.

Als besonders förderliche Farben gelten für die ‚Zweier' sämtliche grünen Nuancen sowie hellgelb, cremefarben und weiß. Die dunklen Tönungen, vor allem schwarz und dunkelrot, erweisen sich jedoch für die ‚Zweier' als wenig stimulierend.

Die Glückssteine für diese Gruppe sind der Mondstein, der Nephrit (Jade), von dem als Talisman ein Stück auf dem Körper getragen werden kann, sowie alle Steine von grünlicher bzw. blaßgrüner Färbung.

Schließlich ist die echte Perle als kostbares Naturjuwel ein förderliches Schmuckstück.

EINIGE PERSÖNLICHKEITEN, die zu den ‚ZWEIERN'
gehören

Name und Stellung	Geburtstag
Ernst Barlach (Bildhauer)	2. Januar
Papst Pius XII.	2. März
Friedrich Hölderlin (Dichter)	20. März
H. C. Andersen (Märchendichter)	2. April
Hirohito (japanischer Kaiser)	29. April
Novalis (Dichterphilosoph)	2. Mai
Bing Crosby (Sänger und Schauspieler)	2. Mai
Richard Strauss (Komponist)	11. Juni
Robert Schuman (Politiker)	29. Juni

Hermann Hesse (Literat)	2. Juli
O. E. Hasse (Schauspieler)	11. Juli
Max Liebermann (Maler)	20. Juli
,Turnvater' Jahn	11. August
Hanns Lilje (Theologe)	20. August
Maurice Maeterlinck (mystischer Literat)	29. August
Carl Zeiss (Erfinder)	11. September
Mahatma Gandhi (religiöser Kämpfer)	2. Oktober
Graham Green (relig. u. Abenteuer-Schriftst.)	2. Oktober
Peter Bamm (Kultur-Schriftsteller)	20. Oktober
Selma Lagerlöf (Schriftstellerin)	20. November
Robert Koch (Mediziner, Entdecker)	11. Dezember
Harald Kreutzberg (Tänzer)	11. Dezember

KAPITEL V

Die Bedeutung der Zahl 3

Die Zahl 3 wird symbolisch dem Jupiter zugeschrieben, der sowohl in der Astrologie als auch in der Zahlenmagie eine hervorragende Bedeutung hat.

Mit der Zahl 3 wird der Beginn einer Zahlenreihe gesetzt, die man mit einer ‚Linie der Kraft‘ vergleichen könnte. Die Zahlen 3, 6 und 9 bilden die ersten drei Glieder dieser Zahlenkette, die dadurch fortgesetzt wird, indem stets 3 dazugerechnet werden. Wir erhalten dann sämtliche durch 3 teilbaren Zahlen, die, wie die meisten Leser wissen, in der Weise ermittelt werden können, indem man feststellt, ob die Quersumme dieser Zahlen ebenfalls durch 3 teilbar ist. In dem Falle ist die ganze Zahl durch 3 teilbar. Werden diese Zahlen aber auf eine einzige Grundzahl reduziert, so wird als Quersumme stets entweder die 3, die 6 oder die 9 herauskommen.

Nach der okkulten Zahlenlehre besteht im allgemeinen ein gegenseitiges Sympathieverhältnis zwischen den ‚Dreier‘-, ‚Sechser‘- und ‚Neuner‘-Menschen.

Die ‚Dreier‘ sind entweder am 3., 12., 21. oder 30. irgendeines Monats geboren. Bei jenen, die an einem dieser Daten zwischen dem 21. Februar bis 21. März oder zwischen dem 21. November bis 21. Dezember geboren sind, stechen die der Zahl 3 zugeschriebenen Eigenschaften besonders hervor.

Wiederum gehören genannte Monatstage im allgemeinen und jene der beiden letzten, der Zahl 3 besonders zugehörigen Jahresabschnitte, im besonderen zu den von den ‚Dreiern‘ zur Ausführung von Plänen bevorzugt wahrzunehmenden Daten.

Die ‚Dreier‘-Menschen haben mit den ‚Einern‘ gemeinsam, daß sie außerordentlich ehrgeizig sind und daß sie kaum durch untergeordnete Stellungen befriedigt werden. Überall in der Welt streben die ‚Dreier' zwar nach Einfluß in ihrem Kreise, fügen sich aber trotzdem den Bestimmungen der Vorgesetzten und Übergeordneten und führen die ihnen auferlegten Pflichten sowohl aus dem Motiv des Verantwortungsbewußtseins als auch aus persönlichem Ehrgeiz willig aus.

So gelingt es den ‚Dreiern' zumeist, sich selbst aus anfänglich kleineren Verhältnissen emporzuarbeiten. Der Staatsdienst, kaufmännische und juristische Berufe und alle Aufgaben, die einen weltoffenen, auch sozial und human eingestellten Sinn erfordern, dürften den ‚Dreiern' besonders geeignete Wirkungsfelder sein.

Negative Eigenschaften dieser Gruppe, die bekämpft werden sollen, sind Neigungen zu Hochmut und Herrschsucht und stolzer Abkapselung, die besonders dann leicht erfolgen kann, wenn diese Art der ‚Dreier' keine angemessene Aufgabe sehen, für die sie sich mit ganzer Kraft einsetzen können. Obwohl diese Menschen nicht eigentlich streitsüchtig sind, können sie in ihrem Ausdehnungsbestreben und in ihrem Hang zur Souveränität mißverstanden werden und sich dadurch Feinde schaffen. Die guten Eigenschaften herauszustellen, dürfte jedoch diesen ‚Jupiternaturen' kaum schwerfallen.

Der Donnerstag ist der erstrangig förderliche Tag für die ‚Dreier', wenn es um Durchführung wichtiger Vorhaben geht, und der Freitag und Dienstag können in zweiter Linie als günstig angesehen werden. Besonders günstig sind jene der obengenannten Tage, die zugleich zu den bereits erwähnten Tagesdaten der ‚Dreier' gehören. Doch als ebenfalls günstig gelten die der 6 und 9 zugehörigen Tage, also der 6., 9., 15., 18., 24. und 27. eines Monats, besonders wiederum, wenn es ein Donnerstag, Freitag oder Dienstag – in der Rangreihenfolge der Günstigkeit genannt – ist.

Die förderlichen Farben für die ‚Dreier' sind violett, malvenfarben, lila, purpur und in weiterer Linie blau, karmesin und rosenrot in allen Abstufungen.

Der hervorragende Glücksstein für diese Gruppe ist der Amethyst, den man auch bevorzugt tragen sollte. Als weitere Glückssteine gelten der Hyazinth, der blaue Onyx, der Lapislazuli sowie andere violett, rötlich oder bläulich getönten Steine.

EINIGE PERSÖNLICHKEITEN, die zu den ,DREIERN' gehören

Name und Stellung	Geburtstag
Heinrich Pestalozzi (Pädagoge)	12. Januar
F. Mendelssohn-Bartholdy (Komponist)	3. Februar
Vincent van Gogh (Maler)	30. März
Elisabeth II. von England	21. April
Karl Friedrich Gauß (Mathematiker)	30. April
Juliana, Königin der Niederlande	30. April
Fritz Schäffer, Politiker (Minister)	12. Mai
Albrecht Dürer	21. Mai
Sir Anthony Eden (Politiker)	12. Juni
Ferdinand Sauerbruch (Arzt)	3. Juli
Margaret Rose, Prinzessin von England	21. August
Maurice Chevalier (Schauspieler)	12. September
Lil Dagover (Schauspielerin, Tierschützerin)	30. September
Eleonora Duse (Schauspielerin)	3. Oktober
Paul Valéry (Dichter)	30. Oktober
Auguste Rodin (Bildhauer)	12. November
Grace Kelly, Fürstin von Monaco	12. November
Friedrich Schleiermacher (Theologe)	21. November
Winston Churchill (Politiker)	30. November
Carlo Schmid (Politiker)	3. Dezember
Gustave Flaubert (Literat)	12. Dezember
Theodor Fontane (Literat)	30. Dezember

KAPITEL VI

Die Bedeutung der Zahl 4

Die Zahl 4 gehört symbolisch dem Uranus zu, der seinerseits in
der okkulten Zahlenlehre eine Verwandtschaft zur Sonne und zu
deren Zahl 1 besitzt.

Die ‚Vierer‘-Menschen neigen zu eigenwilligen Weltanschauungen, beurteilen manches vom betont entgegengesetzten Standpunkt aus als die sogenannte Allgemeinheit. Die ‚Vierer‘ wollen
revolutionieren, und zwar sowohl im positiven Sinne als Lebens-
reformer, als Techniker und Geisteswissenschaftler, als soziale
und religiöse Neuerer, als auch im negativen Sinne gelegentlich
als Anarchisten, als Nonkonformisten aus ‚Leidenschaft‘, als
Kämpfer gegen ‚jede Obrigkeit‘ und als extreme Individualisten,
worin freilich wiederum ein positiver Aspekt liegt, wenn es sich
um eigenartige Künstlernaturen handelt, die man unter dieser
Gruppe oft findet. Der ‚Vierer‘ macht es sich und anderen jedenfalls nicht leicht. Er ist mehr der Grübler und Problematiker in
der menschlichen Gemeinschaft und zeichnet sich auf der anderen
Seite auch durch gewissen Schwung und schlagfertigen Witz
aus.

Die ‚Vierer‘ sind die am 4., 13., 22. und 31. eines Monats Geborenen. Besonders ausgeprägt sind die dieser Zahl zugeordneten
Eigenschaften, wenn einer der obengenannten Geburtstage auf
die Zeitabschnitte vom 22. Juni bis 22. Juli und vom 22. Juli bis
spätestens 31. August fällt.

Diese Tage sind auch als die förderlichsten für besondere Vorhaben der ‚Vierer‘ zu bezeichnen, denn die Chance des guten Ge-
lingens mancherlei Pläne ist jetzt am größten. Besonders bevorzugt sollen dabei wiederum die genannten beiden Zeitabschnitte
werden.

Die günstigen Wochentage für die ‚Vierer' sind der Sonnabend, der Sonntag und der Montag. Das gilt besonders dann, wenn einer dieser Wochentage jeweils auf Daten der Zahl 4 fällt, also auf den 4., 13., 22. oder 31. In weiterer Linie sind die den Zahlen 1, 2 und 7 zugeordneten Tagesdaten (nämlich der 1., 2., 7., 10., 11., 16., 19., 20., 25., 28. und 29. jeden Monats) für die ‚Vierer' als günstig zu bevorzugen, zumal, wenn es sich dabei wiederum um einen Sonnabend, Sonntag oder Montag handelt.

Als förderliche Farben kommen für die ‚Vierer' alle Halbschattierungen, Übergangsfarben und die schillernden, glänzenden, silbrigen, aber auch grauen oder grausilbrigen Farbnuancen in Frage. Für viele Vierer empfiehlt sich aber auch ein klares, leuchtendes Blau als begünstigende Farbe. Entscheidend ist hier stets die persönliche Neigung zu einer der genannten Farbtönungen.

Als Glücksstein für diese Gruppe haben wir in erster Linie den Saphir in allen Tönungen, der auch bevorzugt bei sich getragen werden sollte. Doch kommen auch alle jene Steine in Frage, die den für die ‚Vierer' als günstig bezeichneten Farbgruppen zugehören. Auch der Onyx käme in Frage, und zwar für die zu ‚aufbrausenden' ‚Vierer'-Typen, während in selteneren Fällen auch der edle Opal als Glücksstein wirken könnte sowie übrigens auch die meisten Halbedelsteine.

EINIGE PERSÖNLICHKEITEN, die zu den ‚VIERERN'
gehören

Name und Stellung	Geburtstag
Sir Isaac Newton (Naturforscher)	4. Januar
August Strindberg (mystischer Denker)	22. Januar
Theodor Heuss (früherer Bundespräsident)	31. Januar
Ludwig Erhard (jetziger Bundeskanzler)	4. Februar
Charles Lindbergh (Ozeanflieger)	4. Februar
Fürst Talleyrand (Politiker)	13. Februar
Johann Reuchlin (Rosenkreuzer, Humanist)	22. Februar
F. Chopin (Komponist)	22. Februar

George Washington (US-Präsident)	22. Februar
Nicolai Gogol (hintergründiger Literat)	31. März
Wilhelm von Siemens (Erfinder)	4. April
Immanuel Kant (Philosoph)	22. April
Lenin (Politiker)	22. April
Kaiserin Maria Theresia	13. Mai
Richard Wagner (Komponist)	22. Mai
Sir Arthur Conan Doyle (Okkultist u. Schriftst.)	22. Mai
Wilhelm von Humboldt (Philosoph)	22. Juni
Louis Armstrong (Jazz-Musiker)	4. Juli
Julius Caesar	13. Juli
Charles Regnier (Schauspieler)	22. Juli
Knut Hamsun (Schriftsteller)	4. August
Alfred Hitchcock (Kriminal-Filmer)	13. August
Abdul Hamid (letzter Türkensultan)	22. September
Louis Trenker (Sportler, Schauspieler)	4. Oktober
Franz Liszt (Komponist)	22. Oktober
Charles de Gaulle (französischer Präsident)	22. November
Rainer Maria Rilke (Dichter)	4. Dezember
Heinrich Heine (Dichter)	13. Dezember
Gustaf Gründgens (Schauspieler)	22. Dezember
Henri Matisse (Maler)	31. Dezember

KAPITEL VII

Die Bedeutung der Zahl 5

Die Zahl 5 steht symbolisch für den Planeten Merkur. Die ‚Fünfer‘ rekrutieren sich aus den am 5., 14., 23. jeden Monats Geborenen. Diese sind äußerst vielseitig, beweglich, meist intelligent, geborene Kaufleute und manchmal Spekulanten, die sich für Bank- und Börsenwesen ebenso interessieren können wie für Glücksspiele.

Impulsivität, Lebhaftigkeit, Schlagfertigkeit und rasche Auffassungsgabe und meist angeborene Menschenkenntnis zeichnet die ‚Fünfer‘ im guten Sinne aus.

Negative Merkmale, die es zu überwinden gilt, sind Mangel an Ausdauer, leichte Reizbarkeit und schnell verflackernder Zorn. Dabei freunden sich gerade die ‚Fünfer‘ mit fast jedem anderen Menschen, sofern er ihnen nur ein wenig sympathisch ist, an. Der Hang zur Geselligkeit dieser Menschengruppe ist sehr ausgeprägt, und die im allgemeinen vorherrschende, nur durch Launen durchbrochene große Toleranz sollte insofern weise geübt werden, indem der ‚Fünfer‘ lernen muß, die Art der Menschen, mit denen er verkehrt und denen er sich anschließt, gerade wegen seiner guten Menschenkenntnis besser auszuwählen.

Alle diese Eigenschaften treten verstärkt hervor, wenn ein ‚Fünfer‘ in den Zeitabschnitten vom 23. Mai bis 23. Juni und vom 23. August bis 23. September geboren ist.

Besondere Vorhaben werden mit gesteigerter Erfolgsaussicht zweckmäßig ebenfalls an einem der Zahl 5 zugeordneten Tage durchgeführt, wobei die beiden obenerwähnten Zeitabschnitte als besonders günstig gelten.

Mittwoch und Freitag sind die beiden sogenannten Glückstage für die ‚Fünfer‘, die eine hervorragende Bedeutung gewinnen, wenn sie auf einen der sowieso zahlenmäßig begünstigten Fünfer-Tage fallen.

Als Glücksfarben für die Menschen dieser Gruppen gelten hellgraue Tönungen, auch hellgelbe und hellorange Nuancen sowie weiß und glitzernde Farbabstufungen. Doch ebenso wie die ‚Fünfer‘ sich mit vielen Menschen aller anderen Gruppen anfreunden können, so können sie auch fast alle Farben, auch in raffinierten Kombinationen, lieben. Im Vordergrund stehen aber die hellen Tönungen, während sehr dunkle Farben gemieden werden sollten.

Als Glücksstein kommt vor allem der ‚königliche‘ Stein, der Diamant, in Frage, und zwar auch in seiner Schleifart als Brillant. Weiterhin sind alle schimmernden und glitzernden Schmuckstücke zu bevorzugen und zu tragen. Silber und Platin gelten als besonders günstige Edelmetalle für die ‚Fünfer‘.

EINIGE PERSÖNLICHKEITEN, die zu den ‚FÜNFERN‘ gehören

Name und Stellung	Geburtstag
Konrad Adenauer (früherer Bundeskanzler)	5. Januar
Maria Schell (Schauspielerin)	5. Januar
Albert Schweitzer (Arzt-Philosoph)	14. Januar
W. T. Stead (Journalist und Okkultist)	5. Februar
Georg Thomalla (Filmkomiker)	14. Februar
G. F. Händel (Komponist)	23. Februar
Erich Kästner (Literat)	23. Februar
Albert Einstein (Physiker)	14. März
Wernher von Braun (Physiker)	23. März
Herbert von Karajan (Dirigent)	5. April
Arnold J. Toynbee (Historiker)	14. April
Max Planck (Physiker)	23. April
Sören Kierkegaard (Philosoph)	5. Mai
Karl Marx (Philosoph)	5. Mai
Paul Klinger (Schauspieler)	14. Juni
Mathias Wieman (Schauspieler)	23. Juni
Jean Cocteau (Literat und Schauspieler)	5. Juli

Haile Selassie (Kaiser von Äthiopien)	23. Juli
Guy de Maupassant (Literat)	5. August
Ernst Krenek (Komponist)	23. August
Theodor Storm (Dichter)	14. September
Theodor Körner (Dichter)	23. September
Kaiser Augustus (1. Kaiser von Rom)	23. September
Heinrich Lübke (Bundespräsident)	14. Oktober
Adalbert Stifter (Dichter, Schriftsteller)	23. Oktober
Pablo Picasso (Maler)	23. Oktober
Dalai Lama (religiöses tibetisches Oberhaupt)	5. November
Pandit Nehru (Politiker)	14. November
Walt Disney (amerikanischer Trickfilmer)	5. Dezember
Nostradamus (Astrologe und Prophet)	14. Dezember
Akihito, Kronprinz von Japan	23. Dezember

KAPITEL VIII

Die Bedeutung der Zahl 6

Die Zahl 6 gilt als Symbolzahl für den Planeten Venus. Alle Menschen, die am 6., 15. und 24. eines Monats geboren sind, gehören nach unserer okkulten Zahlenlehre zu den ‚Sechsern‘.

Die der Zahl 6 zugeordneten Menschen verfügen im allgemeinen über außergewöhnliche Ausstrahlungskräfte, die sie selbst anziehend machen. Das Gebiet ‚Liebe‘ in allen Schattierungen spielt eine erstrangige Rolle bei fast allen ‚Sechsern‘. Je nach Substanz und Stufe des Charakters der Persönlichkeit spielen Sexualität, Erotik oder die seelisch-geistigen sowie religiösen und humanen bzw. humanistischen Formen der Liebe die wichtige Rolle des Lebensantriebs.

Meist ist aber zu beobachten, daß dieser Gruppe Menschen, den sogenannten ‚Sechsern‘ also, die ideellen, mütterlich-fürsorglichen Aspekte der Liebe mehr gelten und deutlicher ausgeprägt sind als die Aspekte der sinnlichen Liebe.

Künstlerisches Gestaltungsvermögen, Sinn für harmonische Häuslichkeit und Familie und Geborgenheit, aber auch Schwärmertum und romantische Neigungen sind den der Zahl 6 zugehörigen Menschen gegeben.

Die Wohlhabenderen dieser Gruppe sind großzügig, unterstützungsbereit, gesellig, können aber im negativen Falle in Prahlerei und Verschwendungssucht verfallen und neigen überdies zu Eifersüchteleien und Freude an Intrigen. Diese Neigungen sollen bekämpft werden.

Auffällig ist ferner die Neigung der ‚Sechser‘, sich gerne um anderer Menschen Probleme zu kümmern, und zwar auch mit dem Motiv, bei Streit zu schlichten und zu vermitteln. Das ist dann empfehlenswert und positiv, wenn der Betreffende über hervorragendes seelisches Einfühlungsvermögen verfügt.

Die besten Kontakte werden zu Menschen der gleichen Gruppe sowie zu den ‚Dreiern‘ und ‚Neunern‘ geschlossen, obwohl auch die ‚Sechser‘, ähnlich wie die ‚Fünfer‘, zumeist auch mit sehr vielen anderen Menschen leicht Freundschaften schließen, die aber seltener beständig sind.

Die genannten Eigenschaften der Zugehörigen dieser Gruppe sind am meisten ausgeprägt, wenn der Geburtstag in den Zeitraum vom 24. April bis 24. Mai und vom 24. September bis 24. Oktober fällt.

Die günstigsten Tage zur Durchführung besonderer Pläne sind selbstverständlich wiederum die der 6 zugehörigen Tage, von denen als besonders günstig die letzterwähnten Daten gelten müssen – also die ‚Sechser‘-Tage innerhalb der ‚Sechser‘-Zeitabschnitte.

Als günstigste Wochentage gelten für unsere ‚Sechser‘ der Dienstag, der Donnerstag und der Freitag. Diese Tage sollten namentlich beachtet werden, wenn sie auf eines der 3, der 6 oder der 9 zugeordneten Daten fallen, also auf den 3., 6., 9., 12., 15., 18., 21., 24., 27. oder 30. eines Monats.

Die positiven Farben für unsere ‚Sechser‘ sind sämtliche Nuancen des Blau, vom hellsten bis zum dunkelsten; aber auch hellrote Farbtönungen, rotorange und besonders rosafarbene Nuancen sind zu bevorzugen.

Als Glücksstein für die ‚Sechser‘ gilt in erster Linie der Türkis, den man bei sich tragen sollte. Aber auch der Smaragd käme als ‚Talisman‘ in Frage und schließlich auch der grüne Turmalin.

EINIGE PERSÖNLICHKEITEN, die zu den ‚SECHSERN‘
gehören

Name und Stellung	Geburtstag
Jeanne d'Arc (Jungfrau von Orleans)	6. Januar
König Ibn Saud von Arabien	15. Januar
Gamal Abd el Nasser (ägyptischer Premier)	15. Januar

Vicki Baum (Schriftstellerin)	24. Januar
Couve de Murville (französischer Politiker)	24. Januar
Zsa-Zsa Gabor (Schauspielerin)	6. Februar
Galileo Galilei (Naturforscher)	15. Februar
Emil von Behring (Mediziner)	15. März
Wilhelm Busch (Zeichner, Philosoph)	15. April
Leonardo da Vinci (Maler, Erfinder)	15. April
Sigmund Freud (Psychoanalytiker)	6. Mai
Rabindranath Tagore (Dichter)	6. Mai
Orson Welles (Schauspieler)	6. Mai
Fürst Metternich (Politiker)	15. Mai
Lilli Palmer (Schauspielerin)	24. Mai
Edward Grieg (Komponist)	15. Juni
Rembrandt (Maler)	15. Juli
Paul Claudel (französischer Schriftsteller)	6. August
Napoleon I. Bonaparte	15. August
Ina Seidel (Schriftstellerin)	15. September
Will Quadflieg (Schauspieler)	15. September
Michael Jary (Komponist)	24. September
Emmerich Kalmán (Komponist)	24. Oktober
Gerhart Hauptmann (Literat)	15. November
H. de Toulouse-Lautrec (Maler)	24. November
Joseph Conrad (Schriftsteller)	6. Dezember

KAPITEL IX

Die Bedeutung der Zahl 7

Die Zahl 7 wird symbolisch für den Planeten Neptun eingesetzt. Alle am 7., 16. und am 25. eines Monats geborenen Menschen gehören zu den ‚Siebenern'. Die nach der okkulten Zahlenlehre der 7 zugeschriebenen Eigenschaften werden namentlich bei jenen hervortreten, die an einem der obenerwähnten Daten zwischen dem 25. Juni und 25. Juli geboren sind.

Da der Neptun symbolisch mit dem Mond zusammenhängt, gehören auch deren Zahlen 7 und 2 und demnach die Menschen, die ‚Träger' dieser Zahlen sind, in gewisser Weise zusammen. Die ‚Siebener' schließen also mit den ‚Zweiern', die am 2., 11., 20. und am 29. eines Monats, vor allem zwischen dem 20. Juni bis etwa zum 20. bzw. 29. Juli geboren sind, meist besonders gute Freundschaften.

Die ‚Siebener' sind von der Sehnsucht nach Abwechslung und nach großen Abenteuern getriebene Naturen. Diese Abenteuer, denen man nachstrebt, richten sich in ihrer Art ganz nach der inneren Größe der betreffenden Persönlichkeit des ‚Siebeners'. Von der sogenannten groben Sinnenlust über die Reise- und Entdeckerfreudigkeit bis zur Pflege kultivierter geistiger Genüsse reicht die Skala der von diesem Menschentyp ersehnten Erlebnisse.

Verhältnismäßig besonders viele von ihnen besitzen eigenartige Gaben und ausgeprägte Eigenarten, für die sie auch kämpfen und die sie notfalls gegen die Meinung der ‚Menge' verteidigen. Obwohl der ‚Siebener' Geselligkeit liebt (von Ausnahmen, bei denen andere symbolische Zahlenschwingungen hereinspielen, stets abgesehen), ist er entweder im tiefsten Innern Einzelgänger, da seine Interessen eigenartig sind, oder aber er schließt sich nur den Gleichgesinnten an.

Mystik, Philosophie, Religion, Kunst aller Richtungen und besonders das Hintergründige im Dasein findet die Neigung der ,Siebener'. Gute Kaufleute, die dieser Zahl zugehören, gibt es weniger als begabte Künstler, Gelehrte und Pädagogen. Ist aber die Begabung des ,Siebeners' doch kaufmännisch, so geht es ihm meist mehr um dem Berufe anhaftende ,Romantik' insofern, als die Begleitumstände der möglichst weiten Reisen und Begegnungen mit neuen Menschen den Hauptanziehungspunkt bilden. Die Notwendigkeit der guten Handelsabschlüsse wird sozusagen mehr ,nebenbei' befolgt.

Sind die ,Siebener' auf der einen Seite großzügig, wenn sie zu Vermögen gekommen sein sollten, so sind sie meist aber nicht leichtfertig, vielmehr um Sicherung ihrer Zukunft bedacht, weil die meisten von ihnen um ihre Schwächen wissen, nicht unbedingt allen Stürmen des Lebens leicht standhalten zu können.

Eine ausgesprochen ernsthafte philosophische Daseinsbetrachtung mit religiös-mystischer Färbung wird den meisten ,Siebenern' früher oder später zu eigen werden.

Gute intuitive Begabung spielt bei den Menschen dieser Gruppe eine hervorragende Rolle.

Zur Durchführung besonderer Pläne empfehlen sich die den ,Siebenern' zugeschriebenen Tage, also der 7., 16. und 25. eines Monats, wobei der Jahresabschnitt vom 25. Juni bis 25. Juli wiederum besonders bevorzugt werden muß.

Sonntag und Montag, diese auch für die ,Zweier' bevorzugten Tage, gelten ebenfalls für die ,Siebener' als Glückstage. Das ist besonders dann der Fall, wenn diese Tage auf eines der in diesem Kapitel bereits erwähnten der 7 oder der 2 zugeschriebenen Daten fallen.

Als förderliche Farben gelten für die ,Siebener' sämtliche Schattierungen von grün, vor allem aber die pastellfarbenen grünen Tönungen. Auch gelbliche und weißliche Farben sollen bevorzugt werden, während den ‚Siebenern‘ ebenfalls wie einigen anderen Gruppen zu raten ist, sehr düstere Farben, wie grauschwarz oder schwarz, zu meiden.

Als Glückssteine dieser Gruppe gelten der Mondstein, der Opal und die Perle. Auch der Achat ist ein zu bevorzugender Stein. Wer dazu neigt, möge einen dieser Steine stets bei sich tragen.

EINIGE PERSÖNLICHKEITEN, die zu den ‚SIEBENERN‘ gehören

Name und Stellung	Geburtstag
Heilige Bernadette Soubirous	7. Januar
Wilhelm Furtwängler (Dirigent)	25. Januar
Charles Dickens (englischer Schriftsteller)	7. Februar
Philipp Melanchthon (Humanist)	16. Februar
Karl May (Schriftsteller)	25. Februar
Arturo Toscanini (Dirigent)	25. März
Oliver Cromwell (Politiker)	25. April
Johannes Brahms (Komponist)	7. Mai
Friedrich Rückert (Dichter und Denker)	16. Mai
Paul Gauguin (Maler)	7. Juni
Vittorio de Sica (Schauspieler und Regisseur)	7. Juli
Roald Amundsen (Nordpolfahrer)	16. Juli
Max Dauthendey (Dichter)	25. Juli
J. G. Herder (Philosoph)	25. August
Baudoin I., König von Belgien	7. September
Ernst Deutsch (Schauspieler)	16. September
Werner Bergengruen (Dichter)	16. September
William Faulkner (Literat)	25. September
Arnold Böcklin (Maler)	16. Oktober
Max Stirner (Philosoph)	25. Oktober
Paul Lincke (Komponist)	7. November
Papst Johannes XXIII.	25. November
Ludwig van Beethoven (Komponist)	16. Dezember
Maurice Utrillo (Maler)	25. Dezember

KAPITEL X

Die Bedeutung der Zahl 8

Die Zahl 8 steht symbolisch für den Planeten Saturn. Alle Menschen, die am 8., 17. oder am 26. irgendeines Monats geboren sind, gehören zu den ‚Achtern‘. Eine besondere Ausprägung der ‚Achter‘-Eigenschaften macht sich bemerkbar, wenn einer der obenerwähnten Geburtstage in den zwei Monate umfassenden Zeitabschnitt vom 26. Dezember bis zum 26. Februar fällt.

Im allgemeinen soll der dieser Schicksalszahl zugehörige Mensch seine wichtigen Unternehmungen auch an einem der Tage ausführen, die der 8 zugeordnet sind, besonders wenn diese auf die genannte Zeit vom 26. Dezember bis zum 26. Februar fallen.

Als bevorzugte Tage zur Durchführung von Plänen gelten der Sonnabend, der Sonntag und der Montag. Wenn diese Tage einem ‚Achter‘- oder auch einem ‚Vierer‘-Datum (also einem 4., 13., 22. oder 31. eines Monats!) entsprechen, erheischen sie besondere Beachtung.

Lediglich in Fällen besonders schwerer Karmabelastung (denn die 8 als Saturnzahl deutet zugleich die Schwere des Karmas an, um in der indischen Terminologie zu sprechen) fanden gerade an Tagen, die von der 8 ‚beherrscht‘ werden, negative Schicksalsereignisse statt, die kaum zu umgehen waren. Wir kommen auf die Geheimnisse der Zahl 8 auch in späteren Kapiteln noch ausführlicher zurück.

Als fördernde Steine für die ‚Achter‘ kann man den Amethyst, den dunkelfarbigen Saphir, den schwarzen Onyx und auch den schwarzen Diamanten oder die schwarze Perle ansehen. Eines dieser ‚Glücksminerale‘ sollte man möglichst bei sich tragen.

Als geeignete, ihre Persönlichkeit und ihre Aufgabe herausstellende Farben kommen für diese Gruppe dunkelgrün, dunkelblau, dunkelbraun, purpur und schwarz in Frage. Diese ‚würdigen‘ Farben werden meist auch für die Kleidung gewählt und geben den geeigneten Rahmen für ihr Wesen ab.

Die ‚Achter‘ sind sehr vielschichtige Menschen, und wir können zwei Hauptgruppen unter diesen unterscheiden, nämlich die mit einem außergewöhnlich harten Schicksal, die dazu auch einen harten Charakter haben können, oder die mit einem zwar auch überwiegend schweren Lebensweg, der aber Ruhm, Ehre und edle Taten des ‚Schicksalseigners‘ aufweist.

Gewiß finden wir Charakter- und Schicksalsunterschiede bei allen Menschen und demnach auch bei allen ‚Zahlengruppen‘; doch gerade der saturnischen 8 entspricht dieser besonders auffällige und besonders deutlich festzustellende Unterschied zwischen Menschen mit bösem Karma bzw. selbst verursachtem bösen Geschick, die indessen entschieden auf dem Wege zur Verwirklichung der göttlichen Gebote sind, und zwischen solchen Menschen, die sich noch nicht zur Befolgung der göttlichen Gebote, denen wir einstmals alle zu gehorchen haben, durcharbeiten konnten.

Im allgemeinen werden die ‚Achter‘ viel verkannt, und sie neigen dazu, sogenannte Einsiedlernaturen zu werden bzw. ihr Inneres nur selten zu offenbaren. Die religiösen Kämpfer neigen leicht zum Fanatismus. Doch bemerkenswert ist die fast stets vorhandene Tapferkeit und Kompromißlosigkeit, mit der sich die edlen unter den ‚Achter‘-Naturen für ihre Aufgabe und ihre Weltanschauung einsetzen. Auch wenn sie im Recht sind, haben sie sehr viel unter Verfolgungen und Anfeindungen zu leiden, und die bedeutenden, verantwortungsvollen Positionen, die sie oft auszufüllen haben, fordern ihnen äußerste Kräfte an Selbstbeherrschung, Mut und Genügsamkeit ab.

Der ‚Achter‘ offenbart seine eigenen Empfindungen auch dann nicht gern, wenn diese selbstlos und vom Mitleid mit anderen bestimmt sind. Daraus folgt, daß die Menschen dieser Gruppe sehr oft zu Unrecht für gemütskalt und völlig unnahbar gehalten werden.

Vom weltlichen Standpunkt aus ist es weniger gut, dieser Zahl zuzugehören; doch zeigt sie desto deutlicher an, daß der unter ihrer symbolischen ‚Herrschaft‘ stehende Mensch gewaltige Fortschritte in der Wiedergutmachung seiner Missetaten nicht nur vor dem weltlichen Gesetz – obwohl die Zahl 8 auch irdische Gesetze auf den Plan ruft – machen kann, sondern besonders in der Rechtfertigung vor Gott und der Ewigkeit wesentlich vorwärtskommen kann.

Ich konnte beobachten, daß Menschen mit schwerem Karma in der Hauptsache harte, aber notwendige Schicksalserfahrungen zu erleiden hatten, wenn die betreffenden Zeiten oder beteiligten Personen eine auffällige Verbindung zu den Zahlen 8 und 4 zeigten, während Ereignisse unter anderen Zahlen, besonders der Sonnen-, Jupiter- und Venuszahl (1, 3 und 6), einen günstigeren Verlauf nahmen und die Härte des ‚Achter‘-Geschicks milderten.

Ein uraltes okkultes Symbol für die Zahl 8 ist eine Gestalt, die in der rechten Hand ein nach oben weisendes Schwert hält, während sie in der linken eine ‚Waage der Gerechtigkeit‘ zeigt. Wie erkennen in dieser Symbolgestalt die irdische und die himmlische Gerechtigkeit in ihrem Kampfaspekt, aber auch in ihrer Bedeutung der Versöhnung, Verzeihung und des Ausgleichs.

Die Griechen des Altertums nannten die 8 eine Zahl der Gerechtigkeit, weil sie unter den einstelligen Grundzahlen eine besonders harmonische Aufteilung ermöglicht (2 mal 4 und 4 mal 2), und man kann sich übrigens, weiterfolgernd, die Acht auch in einer gleichmäßigen Kreuzform dargestellt denken, indem der senkrechte Kreuzbalken aus zwei oberen oder zwei unteren Strichen und der waagerechte Balken aus zwei rechten und zwei linken Strichen gebildet wird.

Die verdreifachte Ziffer 8, nämlich die Zahl 888, wird von vielen Okkultisten für die Zahl Jesu Christi im Hinblick auf seine Erlöser-Berufung angesehen. Die Quersumme von 888 aber ergibt bezeichnenderweise 24, und die reduzierte Quersumme daraus ist die 6, die dem Planeten Venus zugeordnete und die *Liebe* verkündende Zahl!

Hieraus erhellt mittels der okkulten Zahlenlehre weiterhin, daß die Christus-Zahl 888 die genau gegenteilige innere Bedeutung trägt wie die bekannte Zahl 666 aus den Offenbarungen der Bibel. Von der Zahl 666 heißt es, daß sie die „Zahl des Tieres" sei und übrigens auch des in seinen Sünden verhafteten unerlösten Menschen! Auch kommt dieser Zahl eine schwarzmagische, dämonische Bedeutung zu, wie alle Okkultisten wissen. Die Quersumme dieser düsteren Zahl nun ist 18 bzw. reduziert 9. Die 9 ist die dem Mars zugeschriebene Zahl und symbolisiert Kampf, Zerstörung und Gewalt – also die Gegeneigenschaft der Liebe und Versöhnung, wie sie in der 6 beschlossen liegen. Die 666 ist also gleichsam die ins Gegenteil verkehrte Liebe, während man die 888 als ziffernmäßig aus der harten bedrückenden Saturnzahl heraus entstanden erklären kann. Diese Christus-Zahl sagt uns aber deutlich, daß wir durch Überwindung des Leides der ewigen Christusliebe gewürdigt werden.

EINIGE PERSÖNLICHKEITEN, die zu den ‚ACHTERN‘ gehören

Name und Stellung	Geburtstag
Benjamin Franklin (US-Präsident)	17. Januar
R. A. Schröder (Literat)	26. Januar
Martin Buber (Religionsphilosoph)	8. Februar
Romano Guardini (Religionsphilosoph)	17. Februar
Victor Hugo (französischer Literat)	26. Februar
Otto Hahn (Physiker)	8. März
Edmund Husserl (Philosoph)	8. April
N. Chruschtschow (Sowjet-Premier)	17. April
Marc Aurel (römischer Kaiser und Philosoph)	26. April
Henry Dunant (Rote-Kreuz-Gründer)	8. Mai
Sebastian Kneipp (Theologe, Heilreformer)	17. Mai
Charles Gounod (Komponist)	17. Juni
Stefan Andres (Schriftsteller)	26. Juni

Käthe Kollwitz (Zeichnerin)	8. Juli
C. G. Jung (Psychologe)	26. Juli
Aldous Huxley (Literat, Philosoph)	26. Juli
Anton Dvorák (Komponist)	8. September
Stirling Moss (Rennfahrer)	17. September
Martin Heidegger (Philosoph)	26. September
Ernst Kretschmer (Psychologe)	8. Oktober
Mohammed Reza Pahlevi, Schah von Persien	26. Oktober
Horaz (römischer Dichter)	8. Dezember
Adolf von Menzel (Maler)	8. Dezember
Mao Tse Tung (chinesischer Staatsführer)	26. Dezember

KAPITEL XI

Die Bedeutung der Zahl 9

Die Zahl 9 wird symbolisch für den Planeten Mars eingesetzt. Die am 9., 18. und 27. eines Monats Geborenen gehören zu den ‚Neunern' unserer okkulten Zahlenlehre. Besonders ausgeprägt sind die dieser Gruppe zugeschriebenen Eigenschaften, wenn einer der obengenannten Geburtstage in die Zeitabschnitte zwischen dem 27. März und 27. April oder zwischen dem 27. Oktober und 27. November fällt.

Die ‚Neuner' sind Kämpfernaturen und gehen meist keinem Konflikt aus dem Wege, den sie, entsprechend ihrer ethischen und seelischen Reife, tapfer und anständig oder auch gewaltsam oder hinterhältig auskämpfen. In der Jugend haben die dieser Zahlengruppe Zugehörigen meist viele Schwierigkeiten zu überwinden, die sie sich in übertriebenem Eifer selbst schaffen. Doch ist im allgemeinen die Willens- und Durchsetzungskraft hervorragend ausgeprägt, so daß kein Rückschlag diese impulsiven Draufgängernaturen umwerfen kann und sie in reiferen Jahren meist gute Erfolge erreicht haben.

Das Streben nach Selbständigkeit ‚um jeden Preis' ist ausgeprägt, und die ‚Neuner' lieben, sich einen Beruf aufzubauen, in dem sie ihre Kräfte bewähren können, und scheuen auch vor Unbequemlichkeiten nicht zurück. ‚Auf der faulen Haut zu liegen' ist nicht ihre Devise, und wenn sie keinen selbständigen Beruf ausüben, so drängen sie sich zum Soldatentum, zu zivilen ‚Kampfberufen' wie Polizei oder auch zu Wagemut erfordernden technischen Berufen als Ingenieure, Monteure usw.

Als negative Eigenschaften, die überwunden werden sollen, sind die Neigung zum Jähzorn und zum Leichtsinn bei den ‚Neunern' zu erwähnen. Menschen dieser Gruppen sollten es nicht als ‚Feigheit' betrachten, überaus vorsichtig in allen Situationen zu sein, in denen es zu Unfällen kommen könnte, sei es nun im Straßenverkehr, am Arbeitsplatz, beim Sport oder aber auch auf den Lebensgebieten, die seelische Leidmöglichkeiten bergen, also Liebe, Ehe, Familie usw. Denn der dem Mars unterstellte ‚Neuner' mag nicht nur in selbstverschuldeten Unfällen andere Menschen körperlich verletzen, sondern durch seine Impulsivität und unbedachte scharfe Worte auch manchen empfindsamen Menschen seelisch ‚verletzen'.

Die Herrschsucht kann beim ‚Neuner' auch ausgeprägt sein, und sie ist es zumindest im eigenen Hause oder in der Arbeitsumwelt. Andererseits haben diese Menschen, wenn sie an einen verantwortungsvollen Platz gestellt werden, auch soviel Ehrgeiz und Beherrschungsvermögen, gute Vorbilder zu werden und vorzüglich zu arbeiten. Die Energien wachsen mit den Aufgaben. Wenn sie untergeordnete Tätigkeiten ausführen sollen, die ihrem eigentlichen Können gar nicht entsprechen, werden die ‚Neuner' jedoch leicht mutlos.

Als Gleichgesinnte und Freunde verbinden sich mit dem der Zahl 9 zugehörigen Menschen am häufigsten die ‚Dreier' und die ‚Sechser'.

Wichtige Pläne sollten von den ‚Neunern' am besten wiederum am 9., 18. oder 27. eines Monats durchgeführt werden, wobei die Zeitabschnitte vom 27. März bis zum 27. April sowie vom 27. Oktober bis zum 27. November zu bevorzugen sind. Aber auch die der 3 und der 6 zugeschriebenen Tage (also der 3., 6., 12., 15., 21., 24. und 30. jeden Monats) können in nächster Linie zur Ausführung besonderer Vorhaben genutzt werden.

Dienstag, Donnerstag und Freitag sind die bedeutungsvollsten Wochentage für die ‚Neuner', wobei der Dienstag als „Mars-Tag" die überragende Rolle spielt.

An einem der 9 zugehörigen Tage geboren zu sein, also zur zahlenmagischen Gruppe der ‚Neuner' zu gehören, kann nun für jenen, der sich zu beherrschen weiß und die hohe Tugend der Selbstzucht meisterhaft beherrscht, sogar ein besonderes *Glück* bedeuten, denn dann wird er einflußreiche, geachtete und vor allem sittlich und ethisch wertvolle Aufgaben erhalten und auch gut ausführen. Freilich wird das Leben der ‚Neuner‘, wie schon angedeutet wurde, nicht allzu geruhsam werden, sondern Abwechslung und Kampf und die Devise des sich Durchsetzenmüssens gelten immer, doch das stählt die Kräfte des ‚Neuners‘ und kann ihm nur recht sein.

Als förderliche Steine gelten dem ‚Neuner‘ der Rubin, der Granat, die Korallen und sonstige rote Steine, wozu man selbstverständlich auch Halbedelsteine zählen soll. Auch der Karneol paßt gut zum ‚Neuner‘. Möglichst sollte einer dieser Steine stets bei sich getragen werden.

Als positive Farben für die ‚Neuner‘ gelten sämtliche Tönungen von karmesinrot und rot sowie die rosenfarbenen Abstufungen, und orange oder rotviolett oder rotbraun kann man auch wählen, wenn man Sympathie für diese Farben empfindet.

Über die im Okkultismus besonders eigentümliche Zahl 9 haben wir noch manches Wissenswerte zu erwähnen.

Diese Zahl hat eigenartige Eigenschaften. Sie ist die einzige unter allen möglichen Zahlen, die man mit jeder beliebigen Zahl multiplizieren kann und die immer ‚sie selbst bleibt‘, da nämlich die Quersumme des Ergebnisses stets wieder 9 ergibt! (z. B. 9 x 2 = 18. 1+8=9! Oder 9 x 7 = 63. 6+3=9! Oder 9 x 105 = 945. 9+4+5 = 18. 1+8 = 9! usw. usw.)

Im Gegensatz zur ebenfalls hochbedeutsamen mystischen Zahl 7, die unmittelbaren Bezug zur Welt des Übersinnlichen besitzt, ist die 9 die typische Zahl der materiellen Welt, aber auch das Symbol für das ‚Wirken Gottes auf Erden‘, der sich um die ins Erdendasein verstrickten Menschen dennoch kümmert.

„Die Zahl des Tieres, die eines Menschen Zahl ist" – nämlich die 666 –, weist auf diese Zusammenhänge hin. Da der Mensch aber grundsätzlich erlösungsfähig ist, so bleibt auch das „Tier in ihm" erlösungsfähig. Gerade die 9 birgt erhabene Möglichkeiten in sich, denn die kriegerischen Energien, die durch sie ausgedrückt werden, können stets, und das gilt für jeden Menschen dieser Gruppe ebenfalls, als Kampfkräfte zum Einsatz für das Reich Gottes umgepolt werden.

Im Weistum der Bibel, bei Juden und Christen, spielt die geheimnisvolle 9 oft eine Rolle.

Der Heiland gab am Kreuze in der 9. Stunde seine Seele an Gott zurück; in alten Zeiten wurden die Leiber der Verstorbenen am 9. Tage nach dem Erdentode beerdigt; beide Tempel der Juden wurden am 9. Tage des Monats, den sie „Ab" nannten, zerstört, und am 9. Tage dieses Monats Ab tragen die frommen Juden weder Gebetsumhang noch Gebetsriemen vor Sonnenuntergang.

Es heißt weiterhin, daß bei den Hebräern Gott „neunmal zur Erde herabkam", und zwar:

1. im Paradies, im Garten Eden;
2. bei der Sprachenverwirrung zu Babel;
3. bei der Zerstörung von Sodom und Gomorrha;
4. zu Moses am Berge Horeb;
5. zur Erteilung der Zehn Gebote auf dem Berge Sinai;
6. zu Bileam;
7. zu Elias;
8. beim Bau des Tabernakels;
9. im Tempel zu Jerusalem.

Und wenn Gott das zehnte Mal erscheinen wird, so heißt es, werde diese Erde vergehen und eine neue geschaffen.

Auch bei den Freimaurern spielte die 9 eine geheimnisvolle Rolle bei vielen ihrer Gebräuche. Da gab es „neun erwählte Nächte", neun Rosen, neun Lichter und ein „neunmaliges Anklopfen" als Zeichen.

Doch auch im Christentum, nämlich in der an okkulten Traditionen besonders reichen römisch-katholischen Kirche, hält man ein neuntägiges Fasten zur Abwendung von Unglück ab, und zum gleichen Zwecke, wie auch zur Erflehung der Hilfe in seelischen und materiellen Nöten, wird die schöne Sitte der neun Tage lang fortzusetzenden Gebete, verbunden mit Sakramenten, die *Novene*, gepflogen.

EINIGE PERSÖNLICHKEITEN, die zu den ‚NEUNERN' gehören

Name und Stellung	Geburtstag
Kurt Tucholsky (Literat)	9. Januar
W. A. Mozart (Komponist)	27. Januar
Kaiser Wilhelm II.	27. Januar
John Steinbeck(Literat)	27. Februar
Friedrich Hebbel (Dichter)	18. März
Nicolai Rimskij-Korsakoff (Komponist)	18. März
Samuel Morse (Erfinder)	27. April
R. W. Emerson (Philosoph)	27. April
Ortega y Gasset (Philosoph)	9. Mai
Peter I., der Große (Zar von Rußland)	9. Juni
Helen Keller (Schriftstellerin)	27. Juni
Ricarda Huch (Schriftstellerin)	18. Juli
Kaiser Franz Joseph I. von Österreich	18. August
Leo Tolstoi (Schriftsteller, Philosoph)	9. September
Justinus Kerner (Schriftsteller, Okkultist)	18. September
Greta Garbo (Schauspielerin)	18. September
Heinrich von Kleist (Dichter)	18. Oktober
Eduard III., König von England	9. November
Elly Ney (Pianistin)	27. November
Paul Klee (Maler)	18. Dezember
Willy Brandt (Politiker, Berlin-Bürgermeister)	18. Dezember
Johannes Kepler (Astronom)	27. Dezember

KAPITEL XII

Die Berechnung der persönlichen Namenszahl

Die erstaunlichen Beziehungen unserer kabbalistischen Zahlen zu
den persönlichen Namen, einer der wichtigsten Berechnungsschlüssel der okkulten Zahlenlehre, werde ich in diesem Kapitel
veröffentlichen. Diese meine Forschungsergebnisse gebe ich wiederum aus der Überzeugung heraus bekannt, daß sie für einen
jeden Menschen, der sich der okkulten Zahlenlehre vorurteilslos
und praktisch bedient, von sehr nützlicher Bedeutung für seine
Lebensgestaltung sind.

Denn wir müssen uns mit der in den Jahrtausenden der Mensch-
heitsgeschichte erfahrenen Tatsache abfinden, daß unser Erden-
leben nun einmal vorwiegend kampfbetont ist und daß
Harmonie, Erfolg und Zufriedenheit auf längere Dauer nur
verhältnismäßig wenigen im Erdenkleide wandelnden Menschen
zuteil wird. Um so dringlicher ist das Bedürfnis, Wege zu finden,
doch diesen in bestimmtem Rahmen notwendigen Kampf ab-
zuschwächen und das Dasein doch allgemein harmonischer und
persönlich befriedigender zu gestalten. Meine Zahlenlehre ist ein
solcher Weg, der auch ruhig begangen werden darf, da er im
Einklang mit den kosmischen Gesetzen steht.

Der große Shakespeare, einer der großen Wissenden unter den
Literaten, prägte das Wahrwort: „Es gibt Gezeiten im Geschick
der Menschen. Nimmt man die Flut wahr, trägt sie hinauf zum
Glück." Immer wieder haben Menschen die Frage gestellt: „Besteht denn die Möglichkeit, die Zeiten des Herannahens dieser
aufwärtstragenden Fluten zu erkennen?"

Darauf muß ich antworten, daß Gott, der Schöpfer und Ordner
des Weltalls, alle Dinge in höchster Vollendung, nach Maß und

Zahl ausgerichtet, erschuf. Er gab auch uns Menschen einen Funken Seines Göttlichen Geistes mit, damit wir unser *Selbst* erkennen mögen und damit unseren Willen in Einklang mit Gottes Willen bringen können.

Es *ist* also für uns möglich, die von Gott gesetzten „Daseinsgezeiten" in ihrem Auf und Ab, in ihren Ebbe- und Flutenzeiten in gewissem Grade, sofern es uns dienlich ist, zu erkennen.

Das Alte Testament überliefert uns, daß der König Salomo als höchste Gabe, die Gott ihm geben möge, um *Weisheit* bat. Die begeisterten Dankesworte des Salomo, die er zu Gott nach Erhörung seiner Bitte sprach, sind aus uralten Zeiten bis auf unsere Generation gekommen und lauten:

„Ich danke Dir, o Gott, Schöpfer des Weltalls, daß Du mich lehrtest die Geheimnisse der Planeten und daß ich wissen darf die Zeiten und der Jahre Lauf, die Geheimnisse des menschlichen Herzens, ihre Gedanken und die Natur ihres Seins. Du schenktest mir diese Erkenntnisse, die Grundlage all meiner Weisheit."

Eben diese ‚Planetengeheimnisse' sind es, die ich mich in diesem meinem Zahlenbuch zu erläutern bemühe, denn die Zahlen sind Symbole für die Planeten, die ihrerseits Symbole für Kräfte und Wirkungen darstellen.

Die nun folgende Anleitung zur Berechnung der *Namens-Zahl* möge bitte mit größter Aufmerksamkeit gelesen, ja studiert werden, und die einfache Umrechnungstabelle kann in Kürze auswendig gelernt werden, so daß der fortgeschrittene, okkulte Zahlenpraktiker später überhaupt nicht mehr nachzuschlagen braucht, um die verschiedenen einfachen, aber auch die schwierigeren Rechnungsprinzipien anzuwenden, deren Beherrschung Voraussetzung des erfolgreichen Einsatzes unserer Zahlenlehre ist.

Der okkulte Zahlenwert jedes Namens wird ermittelt, indem die einzelnen Buchstaben der Namen nach folgender Tabelle in Zahlen umgewandelt und entsprechend addiert werden.

Die Umwandlungstabelle

A = 1	G = 3	M = 4	S = 3	Y = 1
B = 2	H = 5	N = 5	T = 4	Z = 7
C = 3	I = 1	O = 7	U = 6	
D = 4	J = 1	P = 8	V = 6	
E = 5	K = 2	Q = 1	W = 6	
F = 8	L = 3	R = 2	X = 5	

Es fällt uns auf, daß die Zahl 9 in unserer Tabelle fehlt. Die okkulten Meister des Altertums und der archaischen Zeit waren sich bewußt, daß die Zahl 9 den unaussprechlichen „neunbuchstabigen" Namen Gottes ausdrückt, und sie teilten dieser Zahl deshalb keinen Buchstaben zu. Ein natürlicher mathematischer, aber auch okkult-mathematischer Grund für die in unserer Tabelle fehlende Entsprechungszahl ist die Tatsache, daß durch Hinzufügung einer jeglichen 9 zu einer erhaltenen Summe niemals die auf eine Grundzahl reduzierte *Quersumme* verändert würde.

Die Umrechnungstabelle beruht auf einem uralten, bereits den Chaldäern und Hebräern zugeschriebenen zahlenmagischen System, und meine Erfahrung bestätigte, daß es sich um die beste Methode auf dem Gebiete okkulter Zahlenlehren handelt. Die Hebräer sollen dieses System von den in weiter zurückliegenden Zeiten lebenden Chaldäern, die Meister magischer Künste waren, übernommen haben.

Wir haben uns nun eine weitere wichtige Regel zu merken, die bei der Berechnung der Schlüsselzahl des Namens zu beachten ist. Um diese Schlüsselzahl zu finden, werden stets die Zeichen der Buchstaben des oder der *am meisten* verwendeten Namen berechnet. Dabei kann es sich zuweilen um den Vornamen allein handeln, öfters um den Familiennamen allein und oft um beide Namen zusammen. Handelt es sich um einen in der Öffentlichkeit bekannten Namen, so ist auf alle Fälle dessen im Publikum bekannte Benennung (und sei es sogar ein abgekürzter Name, ein

Künstlername, ein Kosename, eine Volksbezeichnung u. dgl.) für die zahlenmagische Berechnung heranzuziehen.

Beispiele für die praktischen Anwendungen dieser Schlüssel- und Namens-Zahlen bringen wir an späterer Stelle.

Im nächsten Kapitel müssen wir uns zunächst der in unserer Zahlenlehre ebenfalls eine besondere Rolle spielenden Bedeutung der zusammengesetzten Zahlen zuwenden.

KAPITEL XIII

Die Bedeutung der zusammengesetzten Zahlen

In früheren Kapiteln habe ich die okkulte Bedeutung der einstelligen Grund- oder Wurzelzahlen 1 bis 9 angegeben.

Es ist nun an der Zeit, auch die okkulte Deutung zusammengesetzter, in diesem Falle für unser Zahlensystem bedeutsamer zweistelliger Zahlen vorzunehmen. Wir dringen damit gleichsam in eine höhere Schicht dieses so wichtigen und auch anregenden Gebietes des praktischen Okkultismus ein. Dennoch werde ich mich bemühen, auch die folgenden Zusammenhänge so klar zu schildern wie alle vorhergehenden.

Die Grundzahlen kennzeichnen trotz aller zugleich hintergründigen Bedeutung mehr das äußerlich abrollende Geschick des der Zahl zugehörigen Menschen und geben die Umrisse seines Charakters vor allem so wieder, wie sie in den Augen der Mitmenschen erscheinen. Die zweistelligen Zahlen hingegen zeigen mehr die gleichsam *hinter den Kulissen* der Geschehnisabläufe sich abspielenden Vorgänge und Kräftespiele an, wie sie sich im Verborgenen entwickeln und das Schicksal des Einzelwesens mitgestalten und symbolisch zur Auslösung bringen.

Wenn wir die Zahl der ‚goldenen Mitte‘, die 5, mit der höchsten Grundzahl, der 9, multiplizieren, dann erhalten wir die Zahl 45, zu der wir die dritte besonders bedeutsame einstellige Zahl, die geheimnisvolle 7, hinzuzählen, um somit die 52 zu erhalten, die genau der Anzahl der Wochen des Jahres entspricht. Multiplizieren wir die Zahl 52 ihrerseits mit 7, so erhalten wir die 364 Tage der Jahresrechnung alter Völker, die den 365. Tag als ‚heiligen‘ Tag betrachteten, nämlich als den einzigen weihevoll begangenen Feiertag des Jahres. An diesem Tage durfte auch damals keinerlei Arbeit getan werden. Die Zahl 365 entspricht der Anzahl der Tage, in denen die Sonne ihren Jahresablauf durch die 12 Tierkreiszeichen vollendet.

Die Grundzahlen 1 bis 9 kennzeichnen also die Individualität und alles mit der Persönlichkeit als aktiver handelnder ,Faktor' Zusammenhängende.

Die Zahlen von 10 aufwärts haben jedoch eine besondere okkulte Bedeutung und bestehen aus zusammengesetzten Ziffern. Der Zahl 12 liegt beispielsweise die Wurzelzahl 3 zugrunde, die aus der Summe der Ziffern 1 und 2 (Quersumme) ,zusammengesetzt' ist. Diese zusammengesetzte Zahl aber wird in einer bestimmten, deutlich von der Zahl 3 unterscheidbaren Art symbolisch ausgelegt.

In welchen alten Zeiten die okkulte Bedeutung der zusammengesetzten Zahlen zum ersten Male bekannt wurde, wann die diesen Zahlen zugeordneten bildhaften Symbole zum ersten Mal aufkamen und wie sie zustande kamen, wissen wir nicht und werden es wohl auch nie ergründen können. Anscheinend reicht aber das Wissen um die okkulten Zahleneinwirkungen bis in die Zeit der ersten Bewußtseinsbildung des Menschen auf Erden zurück.

Symbole können als Sinnbild oder Äußerung der zugleich geist- und naturverwobenen Mächte gelten, und als solche müssen wir sie annehmen. Symbole verkörpern das alte hermetische Gesetz ,wie Oben so Unten'; das bedeutet das Einstehen des Symbols für die unerhörte und zugleich beglückende Tatsache, daß die ganze irdische Schöpfung in Gottes Hand liegt und eine ungeheure, durchgängig wahrnehmbare *Entsprechung* zu den jenseitigen Hierarchien Gottes bildet.

Die zweistelligen, also das *Okkult-Übersinnliche*, im Dasein symbolisierenden Zahlen haben bis hinauf zu der geheimnisvollen Zahl 52 ihre jeweils eigene Symbolik.

Die vorwiegend verbreiteten Symbole für die besagten zweistelligen Zahlen sind in alten Zeiten durch Bildentsprechungen dargestellt worden, die sich noch heute in den meisten Systemen der Tarot-Karten finden. Diese Bildsymbole sind ihrer Herkunft nach ebenfalls so alt, daß sich die Spuren ihrer Entstehung nicht mehr auffinden lassen.

Tabelle der zusammengesetzten Zahlen

Zahl 10   wird durch das sogenannte Glücksrad symbolisiert. Diese verkündet Anerkennung, hohe Ehren, Glauben und Selbstvertrauen. Sie versinnbildlicht einen steilen Aufstieg, aber, im Falle böswilliger Fehlanwendung der guten Möglichkeiten, auch steilen Abstieg. Ein Träger der Zahl 10 wird „von sich reden machen", meist im guten, zuweilen, wenn eben sein Wesen die schlechte Bahn geht, auch im schlechten Sinne. Im Prinzip gilt diese Zahl als förderlich im Sinne der erfolgreichen Ausführung außergewöhnlicher Pläne.

Zahl 11   ist für Okkultisten eine bedeutungsvolle Zahl, die jedoch vor verborgenen Gefahren, vor Verrat und unheimlichen Situationen *warnt*. Das Symbol dieser Zahl ist eine ‚geballte Faust‘ oder ein ‚gefesselter Löwe‘. Der dieser Zahl zugehörige Mensch wird auf seinem Lebensweg mancherlei harte Schwierigkeiten haben.

Zahl 12   symbolisiert Leid und seelische Nöte. Ihr Sinnbild ist ‚der Geopferte‘. Die der Zahl 12 zugehörigen Menschen führen meist eine Art Schattendasein, werden in Intrigen verwickelt und haben ein Opferdasein zu gewärtigen.

Zahl 13   ist ein Symbol für viele plötzliche Veränderungen, Wohnungs- und Berufswechsel. Es handelt sich bei der 13 im Gegensatz zur weitverbreiteten Auffassung um *keine* spezielle Unglückszahl. Einige alte okkulte Schriften besagen, daß ‚demjenigen, der die Bedeutung der Zahl 13 recht versteht, Macht und Herrschaft gegeben werden'. Das Bild dieser Zahl ist ein Skelett oder ‚der Tod' mit einer Sense, Menschen niedermähend und in einem Felde stehend, auf dem frisch gesätes Gras keimt, während von allen Seiten Gesichter und Köpfe junger Menschen hervorsprießen. Diese Zahl steht für das Gesetz von Ursache und Wirkung, für Revolution, Umwälzung, Auflehnung und Vernichtung des Umzuwandelnden. Die Zahl warnt vor Mißbrauch der Macht, und ihre Träger haben sich vor gefährlichen Unternehmungen und Spekulationen zu schützen. Unerwartete einschneidende Ereignisse werden sowieso das Leben meist durchziehen.

Zahl 14 kennzeichnet ein von Abwechslung und Veränderung bestimmtes Leben. Viele Kontakte mit Menschen vieler Länder, Reisen und Ortswechsel sind angezeigt. Gefährliche Naturgewalten, wie Stürme, Überschwemmungen, Erdbeben und Feuersbrünste, haben ebenfalls Verbindung zu dieser Zahl. Gleichzeitig aber kann sie sehr glückbringend in Geldangelegenheiten und Spekulationen sein, wobei jedoch stets die Gefahr des Einwirkens boshafter Dritter naheliegt. Die Zahl deutet in mancher Hinsicht also auf ähnliche Gefahren hin wie die Zahl 13; jedoch bezieht sich die 14 im Gegensatz zur 13 mehr auf drastische ‚weltliche' Ereignisse, die meist keine Beziehung zum ausgesprochen Okkulten und Hintergründigen haben.

Zahl 15 besitzt hervorragend okkult-übersinnliche Bedeutung und kennzeichnet vor allem die Welt der magischen Kräfte, ohne im allgemeinen für den höheren Okkultismus ‚zuständig' zu sein. Der dieser Zahl zugeordnete Mensch vermag häufig magische Künste anzuwenden, um seine Ziele besser zu verwirklichen. Die Verbindung dieser Zahl mit einer ‚Einer'-Zahl (Quersumme 1) kann sehr glückbringend sein. Im Zusammenhang mit der 4 oder 8 kann sie Bösartiges symbolisieren, und der dieser Zahlengruppe zugeordnete Mensch kann zur ‚schwarzen Magie' neigen. Gute Eigenschaften, die dieser Zahl unterstehen, sind aber Redegabe, musikalische oder sonstige künstlerische Begabung, auch Schauspielertum im guten Sinne, Vitalität, gesunde Sinnlichkeit, kräftige ‚magnetische' Ausstrahlung. Dieser Zahl zugeordnete Menschen erwerben vorteilhafte Freundschaften.

Zahl 16 wird durch ein seltsames Bild symbolisiert. ‚Ein vom Blitz getroffener Turm, von dem ein Mann, der eine Krone auf dem Haupt trägt, herabstürzt', bezeichnet diese Zahl, und auch eine ‚zerstörte Zitadelle' wird als Symbol der 16 verwandt. Diese Zahl warnt stets vor verhängnisvollen, rätselhaften Begebenheiten im Lebensgeschick, bevorstehenden Unfällen oder Schwierigkeiten. Der von dieser Zahl ‚beherrschte' Mensch sollte keine unnötigen Wagnisse auf sich nehmen, und besondere Vorsicht muß jeder walten lassen, wenn eine Zeitspanne besonders mit dieser Zahl verknüpft ist.

Zahl 17 besitzt eine überragende okkulte Bedeutung. Als ihr Symbol gilt der achtspitzige sogenannte Venus-Stern, der ein Sinnbild für Frieden und Liebe ist und auch ‚Stern der Magier' genannt wird. Hierdurch wird angedeutet, daß der dieser Zahl zugehörige Mensch zu echter Geistigkeit emporsteigen kann, obwohl der Lebensweg mit manchen Hindernissen, Anfechtungen und Leiden besonders seelischer Natur abgesteckt ist. Die 17 gilt auch als ‚Zahl der Unsterblichkeit' im Hinblick auf irdischen Nachruhm im guten Sinne. Der Mensch dieser Zahl hat folglich die Möglichkeit, wertvolle edle Werke und Handlungen zum Nutzen seiner Mitmenschen zu vollbringen. So gilt diese Zahl im allgemeinen als fördernd, obwohl sie mit Schwierigkeiten symbolisch verknüpft ist.

Zahl 18   wird durch das Symbol einer ,Mondsichel, von der Blutstropfen herniederfallen, die ein Wolf und ein Hund mit geöffneten Mäulern gierig auffangen, während weiter unten ein Krebs herbeieilt', bezeichnet. Diese Symbolik klingt düster und unheimlich. Sie bezeichnet vor allem den Materialismus, der die geistigen höherstrebenden Kräfte hemmt. Die Zahl hat Beziehung zu Menschen, die viele Kämpfe in ihrem Leben, sei es in der Familie, im Krieg oder durch Revolutionen, durchzustehen haben. Zuweilen kündet diese Zahl aber auch an, daß Anstellungen, Vermögen und Vorteile im Kriege oder durch Kriege und revolutionäre Geschehnisse erworben werden. Jedoch hängen mit dieser Zahl auch Untreue und Verrat zusammen, und es wird vor gefährlichen Einwirkungen der Naturgewalten gewarnt, wenn diese Zahl auftritt.

Zahl 19   gilt als eine sehr günstige, sogenannte glückbringende Zahl. Ihr Symbol ist die Sonne oder der ,Prinz des Himmels'. Glückhafte Ereignisse, Freude, Frohsinn, Erfolg, Anerkennung, Ehre und ein gutes Vorwärtskommen auf dem irdischen Lebenswege kündet diese Zahl im allgemeinen an.

Zahl 20   wird in der okkulten Tradition ,das Erwachen' oder ,der Urteilsspruch' genannt. Ihr symbolisches Entsprechungsbild ist ,ein Engel, der in eine Trompete bläst, während unten ein Mann, eine Frau und ein Kind aus dem Grabe auferstehen. Sie halten die Hände im Gebet gefaltet'. Diese Zahl deutet das Erwachen zu allem Neuen, Ungewöhnlichen, neu geweckten Ehrgeiz, neues Beginnen, neue Taten an. Der große Ruf zur besonderen Tat ist allgemein mit dieser Zahl verknüpft. Weltliche, materielle Vorteile lassen sich mit dieser Zahl jedoch nicht unbedingt vereinbaren, da sie in erster Linie geistige, okkulte Bedeutung hat. In bezug auf den irdischen Schicksalsablauf kündet die 20 oft Verzögerung, Hindernisse und Hemmungen an, die nur durch geistige Erkenntnisse und seelische Entwicklung überwunden werden können.

Zahl 21   wird durch das ‚Weltall' symbolisiert und auch ‚Krone der Magier' genannt. Dieser Zahl werden beruflicher Aufstieg, hohe Anerkennungen, geistige und weltliche Erfolge zugeschrieben. Sie kündet sieghaftes Überwinden eigener Schwächen durch seelische Läuterungen an. Die ‚Krone der Magier' wird erst nach manchen Prüfungen und Einweihungen erlangt. Es gilt, standhaft zu bleiben und der höheren Bestimmung zu folgen. Der materielle Lebensweg wird für die mit dieser Zahl verknüpften Menschen im allgemeinen erleichtert.

Zahl 22   wird durch einen ‚gutmütigen Mann, der sich von anderen täuschen läßt und eine schwere Last auf dem Rücken trägt', symbolisiert. Auf dem symbolischen Bild scheint sich dieser Mann nicht gegen einen bösartigen ihn angreifenden Tiger wehren zu wollen. Diese Zahl warnt vor Illusionen, Selbsttäuschungen und gefährlichen Irrtümern. Sie bezeichnet einen zwar gutmütigen, aber von der Wirklichkeit abgewandten Menschen, einen Träumer und Phantasten, der sich nicht früher mit Realitäten abgeben mag, ehe ihm von diesen aus Gefahr droht. Menschen, die mit dieser Zahl verknüpft sind, werden auch oft unschuldig in die

Gesetzesmaschinerie verwickelt und verfolgt, obwohl der Anlaß dazu meist ihr eigener Leichtsinn ist. So werden also durch diese Zahl vor allem Warnungen ausgedrückt, die man beachten sollte, um manchem Unheil aus dem Wege zu gehen.

Zahl 23 wird mit einer okkulten Symbolbezeichnung ausgedrückt: ‚der königliche Stern des Löwen'. Erfolg und Fortschritt auf dem irdischen Lebenswege, Hilfe durch Vorgesetzte und einflußreiche Beschützer sind die dieser Zahl entsprechenden günstigen Prognosen.

Zahl 24 gilt ebenfalls als glückbringend. Diese Zahl deutet auf Unterstützungen der eigenen Pläne durch Persönlichkeiten in Rang und Würden (wie es also auch der Zahl 23 zugeschrieben wird), nutzbringende Teilhaberschaften, glückhafte Liebesbindungen, die zugleich Einfluß und Vermögen stärken. Der Schicksalsverlauf der von der Zahl 24 bestimmten Menschen kann ebenfalls als überwiegend günstig bezeichnet werden. Jedoch sind *alle* ‚günstigen Zahlen' zugleich Hinweise, die Dankbarkeit gegenüber der höheren Führung in Form von selbstlosen eigenen Leistungen nicht zu vergessen!

Zahl 25 kündet innere Stärke an. Die eigentlichen geistigen Kräfte müssen jedoch erst durch lange Erfahrung und Menschenkenntnis erworben und zur rechten Entfaltung gebracht werden. Die mit dieser Zahl verknüpften Menschen haben in jüngeren Jahren meist viele Schwierigkeiten und Anfechtungen zu überwinden und kommen erst in reiferen Jahren zu größeren Erfolgen.

Zahl 26 deutet auf Mißgeschick in gemeinschaftlichen Unternehmungen, auf Fehlspekulationen, auf schlechte Ratgeber, juristische Verwicklungen und Ungunst der Verhältnisse vor allem im Berufsleben. Mit dieser Zahl verknüpfte Menschen sollen stets auf der Hut sein, nicht auf verlockende Angebote hereinzufallen, die einen relativ mühelosen Aufstieg und Erwerb von Wohlstand zu versprechen scheinen. Harte Arbeit ist meist der beste Weg, um negative Auslösungen, die an diese Zahl geknüpft werden, zu umgehen. Wie bei allen anderen Zahlen auch, sind die Zeiten, die von der 26 ‚beherrscht‘ werden, besonders in bezug auf die Bedeutung der betreffenden Zahl zu beachten. Im Falle der 26 sind also Warnungen ausgesprochen, die man beachten muß.

Zahl 27 gilt als sehr förderlich. Sie wird vom Bilde eines Zepters symbolisiert. Herrschertum, Macht und gehobene Positionen kündet diese Zahl an. Der dieser Zahl zugehörige Mensch wird meist Erfolg durch geistige Anstrengungen haben. Durch schöpferische Leistungen werden gute Saaten aufgehen; die Leistungen verbessern sich. Ferner wird dem Menschen dieser Zahl geraten, sich selbst treu zu bleiben, Geduld zu üben, sein Ziel unbeirrt zu verfolgen und unbeeinflußt eigene Pläne durchzuführen.

Zahl 28 ist eine Zahl, die Widerspruchsvolles ankündet. Menschen, die dieser Zahl zugeordnet sind, sind zwar meist zu besonderen Leistungen ausersehen und auch befähigt, werden aber meist harte Rückschläge erleben, wenn sie nicht äußerst vorsichtig zu Werke gehen. Oft geschieht es den Menschen dieser Gruppe, daß sie stets von neuem aufbauen und beginnen müssen, da ihnen kaum begonnene Werke durch mißgünstige Gegner oder widrige Zeitumstände zerstört werden. Die innere Widersprüchlichkeit dieser Naturen soll tunlichst bekämpft werden.

Zahl 29 ist ebenfalls nicht gerade günstig. Diese Zahl deutet auf Schicksalsungewißheiten, Verrat, Hinterlist und Untreue. Enttäuschung durch unzuverlässige Freunde sowie Kummer auf dem Gebiet der Liebe und Ehe sind zu überwindende Prüfungen, welche die dieser Zahl zugehörigen Menschen oft durchmachen müssen. Auch soll man sich großer Zurückhaltung und Vorsicht in allen Partnerschaftsangelegenheiten befleißigen, dann wird manche negative Ereignisauslösung vermieden werden können.

Zahl 30 deutet auf Nachdenklichkeit, Zurückhaltung, ernsthafte Lebensauffassung und geistige Ausrichtung des dieser Zahl zugehörigen Menschen hin. Weltliche und irdische Erfolge werden von allen dieser Zahl Zugeordneten weniger erstrebt als geistige, philosophische, wissenschaftliche oder künstlerische. Äußerer Erfolg ist bei dieser Zahl weder ausgesprochen angezeigt noch ausgesprochen verweigert. Hier kommt es vor allem auf die Einstellung des betreffenden Menschen an, ob er sich überhaupt allzusehr für materielle Ziele einsetzen will, und das ist, wie gesagt, seltener der Fall. Da aber keine absolute Vorbestimmung des Wesens und Schicksals herrscht, sondern die Schicksalsgestaltung teilweise unsere eigene Aufgabe bleibt, gilt das auch für die Menschen dieser Zahl. Und zwar eröffnet diese eine besondere Vielfalt der Möglichkeiten.

Zahl 31 hat eine ähnliche Bedeutung wie die Zahl 30. Die Menschen, die der Zahl 31 zugeordnet sind, neigen jedoch stärker zur Selbstgenügsamkeit und Isolierung als jene der vorhergehenden Zahl. Die 31 deutet auf Entbehrungen und untergeordnete Stellungen im irdischen Leben hin, die mit entsprechender geduldiger Einstellung aber zu ertragen und zu überwinden sind.

Zahl 32 ist eine der geheimnisvollen, magisch fördernde Einflüsse ankündenden Zahlen. Ebenso wie die Grundzahl 5 oder die zweistelligen Zahlen 14 und 23, deren Quersumme ebenso wie die der 32 die 5 bildet, deutet sie auf viele anregende Verbindungen zu Menschen vieler Nationen hin. Für Menschen mit eigener Urteilsfähigkeit und Unternehmungslust ist die Zahl äußerst förderlich. Die Zukunftsaussichten für die der 32 zugeordneten Menschen sind sehr günstig, wenn die zahlreichen Chancen klug wahrgenommen werden.

Zahl 33 hat etwa dieselbe Bedeutung wie die 24, denn sie gehört derselben kabbalistischen Reihe an (Quersumme 6).

Zahl 34 hat etwa dieselbe Bedeutung wie die 25, denn sie gehört derselben kabbalistischen Reihe an (Quersumme 7).

Zahl 35 hat etwa dieselbe Bedeutung wie die 26, denn sie gehört derselben kabbalistischen Reihe an (Quersumme 8).

Zahl 36 hat etwa dieselbe Bedeutung wie die 27, denn sie gehört derselben kabbalistischen Reihe an (Quersumme 9).

Zahl 37 weist wieder eine besondere Bedeutung auf. Sie kündet vorteilhafte Freundschaften und Partnerschaften und Liebesglück an. Sie gilt als überwiegend förderliche und glückbringende Zahl.

Zahl 38 hat etwa dieselbe Bedeutung wie die 29, denn sie gehört derselben kabbalistischen Reihe an (Quersumme 2).

Zahl 39 hat etwa dieselbe Bedeutung wie die 30, denn sie gehört derselben kabbalistischen Reihe an (Quersumme 3).

Zahl 40 hat etwa dieselbe Bedeutung wie die 31, denn sie gehört derselben kabbalistischen Reihe an (Quersumme 4).

Zahl 41 hat etwa dieselbe Bedeutung wie die Zahl 32, denn sie gehört derselben kabbalistischen Reihe an (Quersumme 5).

Zahl 42 hat etwa dieselbe Bedeutung wie die 24, denn sie gehört derselben kabbalistischen Reihe an (Quersumme 6).

Zahl 43 hat wieder eine besondere Bedeutung. Sie ist eine Warnzahl und wird durch Bilder von Aufruhr und Zwistigkeiten symbolisiert. Menschen, die dieser Zahl zugeordnet werden, haben sich vor Feinden zu hüten, ohne allerdings unangebrachtes Mißtrauen herausstellen zu sollen. Vielmehr wird durch diese Zahl die Aufforderung erteilt, die eigene Menschenkenntnis gut zu entwickeln, um somit Hemmnissen und Benachteiligungen selbst aus dem Wege zu gehen.

Zahl 44 hat etwa dieselbe Bedeutung wie die 26, denn sie gehört derselben kabbalistischen Reihe an (Quersumme 8).

Zahl 45 hat etwa dieselbe Bedeutung wie die 27, denn sie gehört derselben kabbalistischen Reihe an (Quersumme 9).

Zahl 46 hat etwa dieselbe Bedeutung wie die 28, denn sie gehört derselben kabbalistischen Reihe an (Quersumme 1).

Zahl 47 hat etwa dieselbe Bedeutung wie die 29, denn sie gehört derselben kabbalistischen Reihe an (Quersumme 2).

Zahl 48 hat etwa dieselbe Bedeutung wie die 30, denn sie gehört derselben kabbalistischen Reihe an (Quersumme 3).

Zahl 49 hat etwa dieselbe Bedeutung wie die 31, denn sie gehört derselben kabbalistischen Reihe an (Quersumme 4).

Zahl 50 hat etwa dieselbe Bedeutung wie die 32, denn sie gehört derselben kabbalistischen Reihe an (Quersumme 5).

Zahl 51 wird wiederum durch eine besondere eigene Bedeutung gekennzeichnet. Dieser Zahl eignet die symbolische Entsprechung des Krieges und kennzeichnet Offiziers- und Soldatentum. Aber auch Beamte, Organisatoren in zivilen ‚Feldzügen' und allgemein verantwortliche Personen stehen mit dieser Zahl in Verbindung. Aber auch die 51 ist zugleich eine Warnzahl, denn sie fordert gleichsam äußerste Bedachtsamkeit gerade in gewagten Unternehmungen heraus. Andernfalls besteht die Gefahr von Unglück und gewaltsamen Einwirkungen negativer Art.

Zahl 52 weist wiederum eine ähnliche Bedeutung wie die 43 auf.

Damit haben wir die wesentliche Deutung aller okkult bedeutsamen Zahlen, die den 52 Wochen des Jahres entsprechen, vorgenommen. Ich gebe nunmehr ein Deutungsbeispiel für die zusammengesetzten Zahlen in Verbindung mit den Grundzahlen an. Die Bedeutung der Grundzahlen hat der interessierte Leser ja bereits in den vorausgegangenen Sonderkapiteln erfahren und vielleicht sogar auswendig gelernt.
Wir stellen uns jetzt die Aufgabe, ein gewisser Herr ‚Bernd Meier' (der Name wird als Beispiel konstruiert!) möchte wissen, ob Montag, der 26. April, ein günstiger Tag sein würde, um eine wichtige persönliche Angelegenheit durchzuführen, sagen wir eine Stellenbewerbung, eine Bitte um berufliche Beförderung oder etwas Ähnliches.
Zu diesem Zweck haben wir zuerst die Zahl des *Namens* auszurechnen, was nach unserer ‚Umwandlungstabelle' auf Seite 59 geschieht. Ist die Namenszahl ermittelt, wird die auf eine Grundzahl (Quersumme) reduzierte Schlüsselzahl des Namens zu der reduzierten Zahl des gegebenen Tages addiert (die reduzierte

Grundzahl des 26. April ist also die 8, denn 2 + 6 = 8!), und schließlich wird zu dieser Zahl noch die auf eine Stelle reduzierte Grundzahl des *Geburtstages* des Herrn Meier unseres Beispiels addiert.

Diese, nach so schwierig erscheinenden, aber im Grunde sehr einfachen Manipulationen erhaltene zusammengesetzte Zahl verrät uns dann leicht, ob der zu untersuchende Tag, in diesem Falle Montag, der 26. April, für das betreffende Vorhaben günstig ist oder nicht. Sollten wir ermittelt haben, daß es sich um keinen günstigen Tag handelt, ergäbe sich die Notwendigkeit, den Plan möglichst so lange zu verschieben, bis nach unserem Berechnungsschlüssel ein geeigneter Tag auftaucht. An einem auf solche Weise errechneten *günstigen* Tage kann man sein Vorhaben mit *hoher Wahrscheinlichkeit* befriedigend ausführen.

Ich werde das auf Grund des angenommenen Beispielnamens Bernd Meier genau erläutern:

Dieser Name wird nach der Umrechnungstabelle in folgender Weise in Zahlen verwandelt:

B	= 2	M	= 4
E	= 5	E	= 5
R	= 2	I	= 1
N	= 5	E	= 5
D	= 4	R	= 2
18	= 9	17	= 8

Die Namens-Grundzahlen der beiden Namen ,Bernd' und ,Meier' werden addiert und ergeben die zusammengesetzte (zweistellige) Zahl 17, denn 9 + 8 = 17. Diese Namenszahl müssen wir wiederum auf eine Grundzahl reduzieren und erhalten eine 8, denn 1 + 7 = 8. Diese reduzierte Schlüsselzahl 8 haben wir zur Grundzahl des zu untersuchenden Tagesdatums zu addieren. Die Grundzahl des 26. April ist die 8, denn 2 + 6 = 8. Die

Summe der Namenszahl und der Zahl des untersuchten Tages (8 + 8) ist 16 bzw. reduziert 7, denn 1 + 6 = 7.

Wir nehmen nun an, daß Bernd Meier am 8. Januar Geburtstag hat. Zu der aus Namenszahl und Tagesdatenzahl des 26. April ermittelten Grundzahl von 7 addieren wir die Geburtstagszahl 8 und erhalten als Summe die zweistellige Zahl 15, die reduziert eine 6 ergibt.

In der Tabelle der zusammengesetzten Zahlen und deren Bedeutung lesen wir, daß die Zahl 15 die Möglichkeit symbolisiert, Ziele zu verwirklichen. Es ist vom Einsatz ,magischer Künste' die Rede, die oft zu solchen Verwirklichungen führen, doch kann man den Begriff ,Magie' stets auch im übertragenen Sinne verstehen, und dieser deutet dann gute Redegabe, Suggestionsfähigkeit, Erfolge durch die Macht der Persönlichkeit und Ausstrahlung an. Vorteilhafte Freundschaften können ebenfalls erworben werden.

Da bei Herrn Bernd Meier indessen die Zahl 8, deren Verbindung mit der 15, wie wir in der Deutungstabelle der zusammengesetzten Zahlen wiederum erfahren, zum Negativen neigt, gleich dreimal vorkommt (als Grundzahl des Familiennamens, als Grundzahl des Geburtstages und als Tageszahl des 26. April), müßte man erwägen, ob der 26. April wirklich so günstig für die Durchführung eines besonderen Vorhabens ist. Wenn es sich bei Herrn B. M. aber um einen ethisch ausgerichteten Menschen handelt, kann er den 26. April unbedenklich wahrnehmen, denn die 8 in Verbindung mit der 15 bezieht sich, wie wir in der Deutungstabelle der zusammengesetzten Zahlen lesen, vor allem auf die sogenannte ,schwarze Magie' bzw. im übertragenen Sinne folgern wir eine Beziehung zu allen bösartigen Vorhaben. Überwiegend Gutes kann man also vom 26. April für den am 8. Januar geborenen Herrn B. M. aussagen, wenn sein Charakter gut ist.

Ist man mit dem Deutungsinhalt, den wir auf diese Weise für *jeden* Menschen und für *jedes* Datum gewinnen können, von Fall zu Fall unzufrieden oder im Zweifel, so empfiehlt sich also, auf alle Fälle die folgenden Tage in der gleichen Weise zu untersuchen und jenen Tag zur Durchführung der entsprechenden Pläne zu wählen, der die bestmögliche Deutung erfährt.

KAPITEL XIV

Über den Einklang von Geburtstags- und Namenszahlen

Als ich über meine Zahlenlehre in englischen Zeitungen einführend berichtet hatte, erhielt ich dazu Tausende von Zuschriften. Viele Briefschreiber baten um weitere Erläuterung über das Problem des Einklangs von Geburtstags- und Namenszahlen.

Man möge allerdings die Geburts- und die Namenszahl in bestmöglichen Einklang miteinander bringen, da die Bedeutungen, Schwingungen und Ereignisauslösungen, die durch diese Zahlen symbolisiert werden, ebenfalls eine um so größere Harmonisierung erfahren, zumal dann, wenn es sich um Zahlen von günstiger Grundbedeutung handelt.

Diese Tatsachen werde ich nochmals an dem Beispielnamen ‚Bernd Meier‘ erläutern. Wie wir errechnet haben, entspricht der Vorname (Rufname) Bernd der Grundzahl 9 (Quersumme von 18) und der Familienname Meier der Grundzahl 8 (Quersumme von 17). Die Summe der Zahlen 9 und 8 ergibt 17, und die Quersumme dieser Zahl wiederum ist die 8 und damit die aufschlußgebende Schlüsselzahl für den vollständigen Namen. Ist ‚Bernd Meier‘ nun an einem Tage geboren, der ebenfalls der Zahl 8 zugeordnet wird, also an einem 8., 17. oder 26. irgendeines Monats, so ist eine harmonische Übereinstimmung seiner *Namenszahl* und seiner *Geburtstagszahl* gegeben. Deshalb könnte Bernd Meier, *obwohl* die Zahl 8 nicht zu den eigentlich fördernden Zahlen gehört, die dieser Zahl zugeordneten Tage (Tagesdaten) doch mit einigem Nutzen zur Ausführung besonderer Pläne wählen, weil in diesem Falle *Einklang* zwischen den wichtigen kabbalistischen Zahlen, also der Namens- und Geburtstagszahl, wie bereits oben erwähnt, besteht.

Wäre nun beispielsweise die 2 die Geburtstagszahl des Bernd Meier (wäre er also am 2., 11., 20. oder 29. irgendeines Monats geboren), so würde sich seine Namenszahl *nicht im Einklang* mit der Geburtstagszahl befinden, und es könnten sich auf seinem Lebenswege ständige Irrungen und Wirrungen ergeben. Es wäre auch nicht möglich, besonders günstige Tagesdaten für ihn anzugeben.

Da Herr B. M. seine Geburtstagszahl nicht abändern kann, könnte er statt dessen, wenn die Erfahrung ihn lehrte, daß eine solche Änderung wirklich vonnöten sein könnte, die *Namenszahl* durch Hinzufügen oder Fortlassen eines Buchstabens ändern, was im allgemeinen nur beim Vor- bzw. Rufnamen möglich wäre. Bei Bernd Meier wäre, falls er an einem der Zahl 2 zugeordneten Tage geboren ist, zur Harmonisierung seiner geschäftlichen Angelegenheiten die Hinzufügung eines Buchstabens mit dem Wert der Zahl 3 zu seinem Vornamen anzuraten. Die Buchstaben C, G, L und S haben, wie wir an unserer Tabelle der Buchstabenumrechnungen ablesen, den kabbalistischen Wert der Zahl 3. Herr Bernd Meier müßte also bemüht sein, sich z. B. Bernd C. Meier oder Bernd G. Meier usw. zu nennen, so zu unterschreiben und im Bereich des Berufs- und Geschäftslebens unter diesem Namen bekannt zu werden. (Nach deutschem Gesetz sind solche offiziellen Namensänderungen oder -hinzufügungen nicht immer leicht vorzunehmen. Man kann sich im *privaten* Bereich und auch bei *privaten* Unterschriften, in manchen Fällen auch in offiziellen Unterschriften, einen Buchstaben hinzufügen oder den Vornamen ändern, nicht jedoch vor Behörden. Allerdings wird zu solchen geringfügigen Änderungen meist eine amtliche Genehmigung erteilt, wenn es z. B. um Eintragung von Firmennamen ins Handelsregister geht. Aber auch, wenn man eine offizielle Namensänderung oder -hinzufügung nicht vornehmen darf, so ist eine solche, jederzeit und ohne Verstoß gegen Gesetze vorzunehmende, private und damit im Privatkreise gültige Namensänderung ebenfalls zahlenmagisch wirksam! Sollte der ‚Bernd Meier‘ unseres Beispiels nun zufällig den natürlichen und im Paß eingetragenen Beinamen Carl oder Georg oder Ludwig besitzen, dann stellen sich einer offiziellen Namenserweiterung auch ohne Eintragung ins Handelsregister keine Schwierigkeiten entgegen. Standesamtliche Namensänderungen und damit Änderung des im Paß oder Ausweis eingetragenen Namens werden in Deutschland jedoch relativ selten genehmigt und sind kostspielig. Man vertraue daher der kabbalistischen Entsprechung auch ohne solche offiziellen Änderungen.)

Wie wir schnell feststellen, ergibt sich durch Hinzuzählung der dem vorgeschlagenen neuen Buchstaben entsprechenden Zahl 3 zur ursprünglichen Namenszahl 17 die neue Namenszahl 20. Diese ist also der 2 zugeordnet und befindet sich folglich im Einklang mit einem ebenfalls der Zahl 2 zugeordneten angenommenen Geburtsdatum des Herrn Bernd Meier. Allmählich wird der auf diese Weise namensmäßig ‚umgeänderte‘ Herr die Erfahrung machen, daß für ihn der 2., 11., 20. oder 29. Tag irgendeines Monats zumeist besonders günstig für Erledigung wichtiger Angelegenheiten ist.

Diese Grundregeln gelten wiederum für *jedermann*, und ich bin überzeugt, daß sie wirklich in sehr kurzer Zeit begriffen und angewandt werden können, so daß schließlich jeder Leser dieses Buches in den Genuß der praktischen Vorteile meiner okkulten Zahlenlehre kommt.

Da jedoch die Zahl 8, wie schon öfters betont wurde, nicht unbedingt für weltliche Erfolge günstig ist, bleibt unter Umständen zu erwägen, ob nicht ein der Geburtszahl 8 zugehöriger Mensch dann seinen Namen auf bereits erwähnte Weise (Hinzufügung eines Buchstabens) ändert, um eine günstigere Namenszahl zu erhalten, wenn er festgestellt haben sollte, daß er trotz gleichzeitiger Zugehörigkeit zur Namenszahl 8 und trotz der Beachtung der von dieser Zahl beherrschten Tage überwiegend Mißerfolge hat. Nur in diesem Falle kann die Änderung günstig sein, und zwar müssen dann jene Tage bevorzugt zur Durchführung von Plänen gewählt werden, deren Zahl mit der sich nach dem neuen Namen ergebenden Namenszahl übereinstimmt.

Eine *Sonderstellung*, und zwar zumeist in negativer Hinsicht, nehmen schließlich die Zahlen 4 und 8 ein, wenn sie zusammen als Geburtstagszahl und Namenszahl oder umgekehrt erscheinen. In solchen Fällen ist es fast stets ratsam, eine Namensänderung in angegebener Weise durchzuführen, und zwar erweisen sich die Namenszahlen 1, 3, 6 und 9 als besonders günstig, deren zugeordnete Daten dann selbstverständlich als förderliche Tage gelten, während im Falle einer derart erfolgten Namensänderung die vorher gültigen Daten (die der 4 und der 8 zugeordnet waren) keine Bevorzugung mehr erfahren sollen. Darüber hinaus sollen bei solchen Änderungen auch die der neu gewählten Zahl entsprechenden sog. Glücks-*Farben* und Glücks-*Steine* berücksichtigt werden.

Aber auch bei der Wahl einer Wohnung oder eines Hauses empfiehlt es sich, wenn es möglich ist, eine *Hausnummer* auszusuchen, die in harmonischer Übereinstimmung zur eigenen Geburtstags- bzw. Namenszahl steht. Dasselbe gilt auch für *Firmennamen*, Gebäudenamen (manche alten Häuser führen ja noch Zunftnamen, während auch neue Geschäftsgebäude häufig unter einem allgemeinen Namen bekannt sind), Flurnamen und überhaupt alle feststehenden Namensbezeichnungen, deren Verknüpfung mit der eigenen Person schicksalhaft werden kann. Jene Menschen, die als Geburtszahl eine 8 und als Namenszahl eine 4 tragen oder umgekehrt, sollen wiederum auf keinen Fall einen Geschäfts- oder Gebäudenamen oder eine Hausnummer wählen, die den Zahlen 4 und 8 und deren Reihe (wozu alle Zahlen gehören, deren Quersumme 4 oder 8 ergeben) zugeordnet sind.

In diesem Kapitel haben wir nun wichtige Hinweise gegeben, die bereits bei der *Namengebung* für ein Kind möglichst beachtet werden sollten, um so eine hohe Wahrscheinlichkeit zu schaffen, bereits das Kind und den Jugendlichen in den Vorteil harmonischer Zahlenverbindungen nach unserer bewährten Lehre kommen zu lassen.

KAPITEL XV

Die Geburtstagszahl als wichtigster Faktor

Allen denen, die auf okkultem Gebiete noch keine besonderen
Kenntnisse und Erfahrungen erworben haben, empfehle ich (wie
selbstverständlich den meisten Menschen überhaupt) die sofor-
tige praktische Beobachtung jener Tage, deren Zahl sich in Übereinstimmung mit der Geburtszahl, die den wichtigsten Faktor
der okkulten Zahlenlehre bildet, befindet.
Jemand, der am 1., 10., 19. oder am 28. irgendeines Monats
geboren wurde, wird, wie wir nochmals wiederholen wollen,
eben diese Tagesdaten, und zwar alle diese der Zahl 1 zugeordneten Daten, bevorzugt zur Ausführung wichtiger Pläne, seien
es persönliche Vergnügungen, geschäftliche Aktionen oder lebens-
wichtige Entscheidungen, auswählen. An diesen Tagen läßt sich
im allgemeinen das Leben für den ‚Einer‘, den Menschen, dem
die Zahl 1 zugeordnet ist, harmonischer und freudvoller gestalten. Da aber die Zahl 4 der Zahl 1 gleichsam verschwistert ist,
können auch die der Zahl 4 zugehörigen Tagesdaten für den
‚Einer‘-Menschen noch günstig sein. Die Zahl 4 versinnbildlicht
aber den mehr negativen, weiblichen Pol für die der 1 zugeordneten Menschen, so daß ich die ‚Vierer‘-Daten überwiegend für
geistige, seelische, erbauliche Vorhaben und weniger für hand-
feste, derbe, materielle Pläne auszuwählen rate. Das gilt also für
die der Zahl 1 zugeordneten Menschen. Übrigens werden diese
Menschen meistens feststellen, daß sich vornehmlich an Tagen,
die der 4 zugeordnet sind, schicksalhafte Ereignisse für sie ergeben, die *außerhalb* der Einwirkung *ihres eigenen Willens*
liegen.
Nur selten bezeichnen die Tage der Viererreihe für den ‚Einer‘-
Menschen ein direktes glückhaftes Ereignis, obwohl es oft ein

indirekt positives Geschehnis sein kann, dessen gute Folgen sich erst viel später herausstellen. Aber auch negative Botschaften, Leid und karmische Belastungen machen sich bevorzugt die der 4 zugeordneten Tage für die ‚Einer‘ zu eigen. Die der Zahl 4 zugehörenden Hausnummern (wie 4, 13, 22, 31, 40, 49 usw.) haben für die ‚Einer‘ insofern selten akut glückhafte Bedeutung, als sich für sie in solchen Häusern seltener weltliche, materielle Begünstigungen zutragen als der geistigen Reife und Verinnerlichung dienende Geschehnisse.

Für jene Menschen, die eine 8 als Geburtstagszahl haben, wird *stets davor gewarnt*, ein Haus mit einer Nummer der Viererreihe zu bewohnen. Umgekehrt gilt diese Warnung für die der Zahl 4 zugehörigen Menschen. Diese sollten möglichst kein Haus mit einer der Zahl 8 zugehörigen Nummer bewohnen (also 8, 17, 26, 35, 44 usw.), und zwar namentlich dann nicht, wenn diese Zahlengruppen bereits früher in ihrem Leben von unheilvoller Bedeutung waren.

Die in zweiter Linie (außer der eigenen Zahl 1) *günstigen* Tagesdaten für die ‚Einer‘ sind jene, die zur Gruppe der 2 oder der 7 gehören. Wie stets gilt diese Regel auch wieder für Hausnummern oder alle anderen Zahlen, die besonders schicksalsbezüglich sind. Doch werden die Zahlen 2 und 7 den mehr Unbeständiges kennzeichnenden Planeten zugeschrieben, so daß sich für die ‚Einer‘ an den mit der 2 und der 7 verknüpften Daten (der 2., 7., 11., 16., 20., 25. und 29. eines Monats) und in Häusern mit diesen Nummern (dazu gehören weiterhin die Zahlen 34, 38, 43 usw.) kaum Ereignisse von schicksalhafter Bedeutung und anhaltender Wirkung begeben werden, und die entsprechenden Häuser werden von diesen Menschen der Einer-Gruppe auch selten sehr lange bewohnt.

Um mit den harmonischen ‚Schwingungen‘, um es symbolisch auszudrücken, der sich selbst zugeordneten Zahlen und deren Planeten in Berührung zu kommen, ergibt es sich also, zur Bewältigung *persönlicher Angelegenheiten,* stets jene Daten zu *bevor-*

zugen, die mit der *eigenen Geburtstagszahl* übereinstimmen. Eine Ausnahme davon bilden unter Umständen die den Zahlen *vier* und *acht* zugeordneten Menschen, die dann eine günstigere Zahleneinwirkung für sich (durch die im vorigen Kapitel erwähnte Namensumstellung) suchen sollten, wenn sie die Erfahrung machten, daß die Daten ihrer eigenen Zahl *keine günstigen* Ereignisse mit sich bringen.

Jene Menschen, die am 4., 8., 13., 17., 22., 26. oder 31. irgendeines Monats geboren sind, die also der Zahl 4 oder 8 zugeordnet sind, sollten bevorzugt ein Datum der ‚kräftigen‘ positiven Zahlen 1, 3, 5, 6 oder 9 zur Durchführung besonderer Vorhaben wählen, und zwar insbesondere dann, wenn sich die *Namenszahl* dieser Menschen mit einer dieser letztgenannten Zahlen deckt.

Die *Geburtstagszahl* hat sich auf alle Fälle in der okkulten Zahlenlehre als die *wirkungsmächtigste* und eben deshalb *wichtigste* Zahl für unseren Lebenslauf erwiesen. Einen kausalen Zusammenhang dafür anzugeben, dürfte unmöglich sein, obwohl es mancherlei Theorien über den Grund dieser Einwirkungen gibt. Es handelt sich um ein geheimnisvolles, vom Schöpfer eingeplantes Analogiegesetz, nach dem, wie wir an früherer Stelle bereits betonten, eben alles in der Schöpfung „nach Maß und Zahl geordnet ist".

Eine weitere Grundregel der okkulten Zahlenlehre lautet: Die *Geburtstagszahl* bestimmt in erster Linie die *materielle, weltliche, reale* und *sinnliche* Seite des Lebens, während die *Namenszahl* mehr die *geistige, okkulte, transzendente* und *übersinnliche* Seite des Daseins bezeichnet.

Die *Namenszahl* mit Sicherheit zu bestimmen, ist im allgemeinen gar nicht so einfach, weil dafür stets der *jeweils am meisten gebrauchte Name* in Frage kommt. Wie oft ist bei einem Mann der Familienname bekannter oder mehr in Gebrauch als der Vorname oder Rufname, während Mädchen und Frauen sehr oft mit ‚Kosenamen‘ und nicht mit ihrem eigentlichen Taufnamen benannt werden. Die eigentliche okkulte Bedeutung nach unserer

Zahlenlehre gewinnt aber stets nur die Zahl des am meisten gebrauchten Namens, unabhängig davon, wie nun auch der amtliche, der im Paß eingetragene oder der Taufname lauten möge. Wenn hingegen die *Tageszahl* für günstige Unternehmungen allein auf Grund der *Geburtszahl* gewählt wird, so kann diese Methode stets empfohlen werden, wenn noch Unklarheiten über die zu wählende Namenszahl herrschen.

Wer sich jedoch darüber klar geworden ist, welche *Namenszahl* zur Zeit als die zuständige Zahl gelten muß, weil sie auf dem am meisten gebrauchten Namen beruht, und wenn sich schließlich noch herausstellt, daß diese Namenszahl im Einklang mit der Geburtszahl steht, kann mit Recht annehmen, daß nach der zahlenmagischen Lehre weitestmögliche Harmonie herrscht.

Diejenigen Leser, die bereits Grundkenntnisse in der Astrologie besitzen, werden auch den tiefen Sinn, der in dieser Zahlenlehre verborgen liegt, erfaßt haben und die symbolische Bedeutung der Zahlen in bezug auf die Vornamen, Rufnamen und Familiennamen wohl erkannt haben. Ich bleibe mir jedoch bewußt und möchte diesen Umstand auch ausdrücklich betonen, daß ich dieses Buch namentlich für den unvorgebildeten Sucher, also für den Laien, schreibe und für diejenigen, die sich mit der Hilfe der okkulten Entsprechungszahlen von sich aus eine harmonischere Lebensgestaltung ermöglichen wollen. Ich weiß auch, daß ich jenen unter meinen Mitmenschen, die sich aus Mangel an Zeit, Gelegenheit, Eignung usw. nicht intensiver mit dem Gesamtbild des Okkultismus und seiner vielschichtigen vielfältigen Lehren befassen können, den besten Rat für ihren Lebensweg damit gebe, indem ich ihnen dringend rate, alle in diesem Buch angegebenen Berechnungsmethoden, Vorschriften und Hinweise sorgsam zu prüfen, sie zu beachten und zu befolgen.

Es darf also nicht vergessen werden, daß die Zahl des *Geburtsmonats* sowie die *Jahreszahl* der Geburt in unserer okkulten Zahlenlehre keine *so unmittelbar persönliche Bedeutung* besitzt wie die Zahl des *Geburtstages*.

Und hier lernen wir eine neue bedeutsame Regel unserer Zahlenlehre:

Die Zahl des Geburtsmonats deutet mehr *allgemeine* Wesensstrukturen an, während die Zahl des Geburtsjahres bzw. die anderen Jahreszahlen das *zukünftige Geschehen* des Schicksalsverlaufs andeuten.

Eine Person, die zum Beispiel am 6. Juni 1866 geboren ist, macht sich, um einen guten Wesens- und Schicksalsüberblick zu bekommen, folgende Aufstellung ihrer Daten:

6   =   6 (deutet das Persönliche an)

Juni   =   5 (deutet das Allgemeine an, der 6. Juni fällt in den Abschnitt der Zahl 5, wie wir dem Kapitel 7 entnehmen können)

1866 = 21 =   3 (bedeutet den Lauf des Schicksals)

Die obengenannten Zahlen 6, 5 und 3 werden in meiner Zahlenlehre *jede für sich allein* gedeutet und *nicht* zusammengezählt!

Wenn wir die *Quersumme* der Jahreszahl der Geburt zu dieser Zahl des Geburtsjahres hinzuzählen, so erhalten wir fast immer ein für die betreffende Person *bedeutungsvolles* Schicksalsjahr (wobei die Auslösung zuweilen um etwa ein Jahr früher oder später erfolgen kann).

Im Beispielfalle addieren wir die Quersumme 21 zur Jahreszahl 1866 und erhalten 1887. Dieses Jahr erweist sich mit hoher Wahrscheinlichkeit als besonderes Schicksalsjahr für eine Person, die am 6. Juni 1866 geboren ist.

Später erkläre ich dieses kabbalistische Phänomen noch näher am Beispiele Kaiser Wilhelm I.

KAPITEL XVI

Einige zahlenmagische Namensdeutungen

Zwar ist es unmöglich, in einem Buch sämtliche Aspekte und tief-
schürfenden Möglichkeiten der okkulten Zahlenlehre zu erläutern, doch werde ich mich bemühen, auch in knappen Beispielen
deutlich genug darzutun, wie das Schicksal oft genug mit der
okkulten Bedeutung der Namen und Zahlen geheimnisvoll ver-
woben ist. Weitere Zusammenhänge wird jeder Leser nach und
nach mit zunehmender Erfahrung selbst entdecken. Wichtige Voraussetzung dazu ist die Darstellung der *Grundlagen* der okkulten
Zahlenlehre, die ich in diesem Buch vermitteln will.

Der mächtige Napoleon zum Beispiel schrieb seinen Namen in
jungen Jahren: ‚Napoleon *Buonaparte*‘. Später veränderte er
seinen Namen durch Fortlassung eines Buchstabens in ‚Napoleon
Bonaparte‘. Diese Namensänderung hat zahlenmagisch ihre bezeichnende Bedeutung.

Der Name *Napoleon* ergibt nach der Zahlenlehre eine 5;
der Name *Buonaparte* ergibt ebenfalls eine 5.

Die Zahl 5 wird, wie ich an früherer Stelle bereits erwähnte, in
der okkulten Tradition als eine geheimnisvolle magische Zahl
betrachtet und spielte bereits bei der Herstellung von Amuletten
im alten Griechenland eine Rolle. Im Namen ‚Napoleon Buonaparte‘ erscheint also zweimal die Zahl 5 und verdoppelt gleichsam ihre Bedeutung, die sich hier auf Beweglichkeit, Menschenkenntnis und Aufstieg bezieht.

Als Napoleon sich aber ‚Bonaparte‘ nannte, wurde die frühere
Zahl 5 in eine 8 umgeändert. Diese Zahl aber wird nach alter
Tradition mit Revolution, Anarchismus, Zwiespältigkeit, Gesets-
zeskonflikten und leidvollem Lebensende in Zusammenhang

gebracht. Obwohl ein bedeutender Mann, geriet Napoleon doch mehr und mehr auf eine niedere Seinsstufe, esoterisch gesehen. Um diese Tatsache richtig zu erkennen, müssen wir untersuchen, wie sich die wichtigen Ereignisse seines Lebens zur Zahl 8, die dem Planeten Saturn zugeschrieben wird, und zur Zahl 9, die dem Mars zugeschrieben wird, verhalten. Darüber hinaus stellen wir fest, daß der Name Napoleon Bonaparte die zusammengesetzte (zweistellige) Zahl 13 ergibt, die nach der okkulten Lehre durch den „Sensemann, der Menschen niedermäht", symbolisiert wird. Dieses Bild kündet zwar Macht an, die jedoch dem, der diese Macht mißbräuchlich anwendet, Vernichtung bringt.

Daß die Hauptereignisse in Napoleons Leben von Tragik (Zahl 8) und Krieg (Zahl 9) bestimmt sind (denn viele Ereignisse fanden tatsächlich unter der ‚Herrschaft' der Zahl 9 statt), ist hinreichend bekannt, so daß sein Lebenslauf hier nicht wiederholt zu werden braucht. Wir können ihn in jedem populären Geschichts- und Nachschlagewerk nachlesen.

Aber nicht nur Namen von Menschen können zahlenmagisch gedeutet werden, sondern auch alle anderen Namen, die Beziehungen zum menschlichen Schicksal haben. Im Falle der Schiffsnamen können wir das gut beobachten.

Im Hafen von Havanna explodierte vor vielen Jahren ein Kriegsschiff mit dem Namen „Maine". Mehr als 250 Mann kamen dabei ums Leben, und die genaue Ursache der Explosion wurde nie geklärt. Die kabbalistische Zahl des Namens „Maine" ist die 16, und diese wird durch den „vom Blitz getroffenen Turm" symbolisiert, wie wir im 13. Kapitel lesen können. Übrigens wurde die Explosion dieses Schiffes der Vereinigten Staaten von Amerika der Anlaß zur Kriegserklärung Amerikas an Spanien.

Eine andere tragische Schiffskatastrophe betraf die „Waratah". Nachdem dieses Passagierschiff von Australien aus in See gestochen war, verschwand es später spurlos mit sämtlichen Passagieren und der Besatzung. Der Schiffsname „Waratah" ergibt die

98

Zahl 20, die durch den „zum Gericht blasenden Engel" symbolisiert wird und im allgemeinen auf einen „Urteilsspruch" deutet, der auch zunächst aufkommendes Unheil verkörpern kann, denn wir müssen bedenken, daß besonders in den Zahlen, deren Symbole drohende Elemente in sich tragen, die Entsprechungsmöglichkeiten des Unheils verborgen sind, wobei es eine andere Erfahrung ist, daß auch das Unheil letztlich einen Sinn im Geschehnisablauf der Schöpfung hat und esoterisch zum Heil werden kann, mag es auch noch sehr im Moment als Unheil empfunden werden.

Ein weiteres solches Beispiel bietet das Schicksal des Postdampfers „Leinster", der zwischen Holyhead und Kingstown verkehrte. In den letzten Monaten des Ersten Weltkrieges wurde das Schiff in der Nähe der irischen Küste von einem deutschen U-Boot torpediert.

Der Name „Leinster" ergibt die zusammengesetzte Zahl 28, die viele Widersprüchlichkeiten verkündet und die Gefahr der „Zerstörung durch mißgünstige Gegner und widrige Zeitumstände" versinnbildlicht.

Zwei Herren, die ich gut kenne, hatten sich kurz vor der Abfahrt des Unglücksdampfers entschlossen, in dieser Nacht nicht mitzufahren, weil sie entdeckt hatten, daß ihrer beider Namen die Zahl 28 nach meiner Zahlenlehre ergab. Dieselbe Zahl aber ergab sich auch aus dem Namen des Schiffes. Sie sahen das, zumal wegen der schlechten Bedeutung der Zahl 28, als üble Vorbedeutung für sie an und nahmen im letzten Augenblick noch ihr Gepäck von Bord. Sie entrannen dem tragischen Geschick, denn sämtliche Passagiere des Schiffes gingen mit unter.

Es ist ganz natürlich, daß Menschen unter der Einwirkung von Krieg und Gefahr mehr dazu neigen, auch die kleinsten Anzeichen, die vor solchen Gefahren warnen, zu beachten. Mir sind viele Menschen bekannt, die durch Beachtung der Vorschriften meiner Zahlenlehre tatsächlich ihr Leben retteten. Ein Soldat zum Beispiel, der im Ersten Weltkrieg mit an der Front kämpfte, fragte die Kameraden seiner nächsten Umgebung, die sich mit ihm im Unterstand aufhielten, nach ihren Geburtsdaten. Als er feststellen mußte, daß sämtliche Kameraden an einem der Zahl 8 zugehörigen Datum geboren war, überkam ihn doch die Bestürzung. Er selbst war am 26. Januar geboren, also an einem zur 8 gehörigen Tage *und* Tierkreisabschnitt. Doch damit nicht genug: Plötzlich mußte er feststellen, daß der gegenwärtige Tag der 17. Februar war – wiederum ein zur 8 gehöriges Datum! Als er nun noch erkannte, daß 8 Leute mit ihm zusammen im Unterstand waren, packte ihn die Furcht. In diesem Augenblick eröffnete ein deutsches Geschütz das Feuer. Die Einschläge kamen immer näher. Beim siebten Einschlag rannte er wie getrieben ins Freie. Die achte Granate zerstörte den Unterstand und tötete alle Leute. Er war der einzige, der entkam.

KAPITEL XVII

Bezeichnende Briefe und Begegnungen mit Prominenten

Im Laufe meiner praktischen Tätigkeit als beratender Okkultist und selbstverständlich als okkulter Zahlenpraktiker habe ich viele bemerkenswerte Fälle über den Einfluß der Zahlen auf das menschliche Geschick gesammelt. Viele dieser Fälle wurden mir auch in Form von Briefen zugänglich, die mir jene Menschen schrieben, die praktische Erfahrungen mit meiner Zahlenlehre gesammelt haben.

Ehe ich auf meine Begegnungen mit prominenten Staatsmännern, denen ich wertvolle Hinweise und Prognosen auf Grund der Zahlenlehre machen konnte, zu sprechen komme, seien zwei besonders originelle und bezeichnende Zuschriften zitiert, welche die oftmals eigenartigen zahlenkundlichen Zusammenhänge aufzeigen. Diese Zuschriften gelten lediglich für sehr viele ähnliche. Der eine Brief lautet:

„Verehrter Herr . . .

Gerne möchte ich ihnen einige merkwürdige Tatsachen aus meinem Leben über die Zahl 7 mitteilen. Ich wurde am 7. Tage des 7. Monats (Juli) geboren. Bis zu meinem 7. Geburtstage war ich nie krank; bis zu meinem siebenten Examen bestand ich ein jedes; mit dem siebenten Mädchen, um dessen Hand ich anhielt, verlobte ich mich. Es ist möglich, daß ich auch der siebente Mann war, der ihr einen Antrag machte.

Dann möchte ich noch eine weniger angenehme Erfahrung mit Zahlen mitteilen: Ein Onkel von mir erfuhr außergewöhnlich viel Unglück durch die Zahl 8631 bzw. deren

Einzelziffern. Seine Frau, die bei einem Eisenbahnunglück unter den Todesopfern war, saß in einem Waggon, dessen Nummer 8631 war. Der Onkel selbst erlitt bei einem Autozusammenstoß einen Beinbruch; das Auto, welches das Unglück herbeiführte, hatte die Nummer – 8631. Und die vier Kinder meines Onkels starben im Alter von 8, 6, 3 und einem Lebensjahr.   Ihr ergebener A. B. French."

Der zweite hier als Beispiel dem Inhalt nach wiedergegebene Brief stammt von Sir Alma-Tadema, einem berühmten Maler. Dieser teilte mir mit, daß für ihn die 17 als bedeutungsvolle Zahl stets hervorgetreten sei. Er war 17 Jahre alt, als er seine erste Frau kennenlernte. Das erste Haus, in dem sie wohnten, hatte die Nummer 17. Am 17. August wurde mit dem Umbau seines Wohnhauses begonnen, und am 17. November zog er dort ein. Er heiratete zum zweiten Male im Jahre 1871. Die Quersumme dieser Jahreszahl ist die 17. Seine neue Hausnummer im Londoner Künstlerviertel St. John's Wood war ebenfalls die 17. Sir Alma-Tadema wurde am 8. Januar geboren. Dieser Zahl wiederum ist die 17 zugeordnet. Wir haben hier also eine besonders markante und durchgängig feststellbare ‚Herrschaft' einer bestimmten Zahl, die zudem in ihrer Bedeutung auf Vollbringung hervorragender Werke hinweist.

König Eduard VII. und seine Zahlen

König Eduard VII. wurde am 9. November geboren. Dieser Tag gehörte dem vom Planeten Mars beherrschten Tierkreiszeichen Skorpion zu. Die Zahl 9 wird dem Mars zugeordnet.

Eduard VII. verheiratete sich im Jahre 1863. Die auf eine Grundzahl reduzierte Quersumme dieser Jahreszahl ist die 9. Seine Krönung sollte am 27. Juni stattfinden. Die Quersumme dieser Zahl ist auch die 9. Tatsächlich wurde er aber erst am 9. August gekrönt.

König Eduard sagte mir des öfteren: „Sie sind der Mann, der mir nicht mehr als 69 Lebensjahre zubilligt." Als ich den späteren Eduard VII., der damals noch Prince of Wales war, zum ersten Male im Hause der Lady Arthur Paget persönlich treffen durfte, bat er mich zugleich, „seine Zahlen zu deuten". Ich entsprach diesem Wunsch und erklärte ihm, aus welchem Grunde die Zahlen 6 und 9 seine „Wurzelzahlen" und gleichsam „schicksalsbestimmend" seien. Ich erklärte ihm weiter, daß sein Lebensabend nahen würde, wenn diese beiden Zahlen zusammenträfen, und daß die letzte Stunde seines Erdenlebens auf einen zur Zahl 6 gehörenden Tag fallen würde, und zwar auf einen Monat, der größtenteils dem Planeten der Zahl 6, also der Venus, zugeordnet sei. König Eduard VII. hat meine Weissagung nie vergessen, und ich habe leider die traurige Pflicht, das buchstäbliche Eintreffen meiner Vorhersage mitzuteilen. Es war in London auf dem Victoria-Bahnhof, als ich das letzte Mal den Vorzug hatte, mit der Majestät zu reden. Er wollte eben in den Hofzug einsteigen, um zur Durchführung seiner alljährlichen Frühlingskur ins Ausland zu fahren. Als er mich sah – ich war übrigens auch im Begriff, ins Ausland zu reisen –, bat er mich durch einen seiner Bedienten zu ihm und sagte dann lächelnd: „Nun, Cheiro, ich bin, wie Sie sehen, noch unter den Lebenden, werde aber Ihre Warnung beachten und sehr vorsichtig sein. Denn ich bin jetzt 69 Jahre alt!" Er vermochte sich meiner früheren Worte zu erinnern, daß ich sein 69. Lebensjahr als verhängnisvoll für seine Gesundheit bezeichnet hatte. Er sprach dann noch kurz vom Pferderennen, einer seiner Leidenschaften, und schloß die Unterredung mit der Beteuerung, daß ich ihm stets sehr mit meinen Ratschlägen geholfen habe.

Nur wenige Wochen darauf, als er von seiner Reise in den Buckingham-Palast zurückgekehrt war, wurde die schwere Erkrankung des Königs bekannt, an der er leider kurz danach verstarb. Es war der 6. Mai in seinem 69. Lebensjahr! Meine Prophezeiung, wie ich wahrheitsgemäß nochmals betonen muß, hatte sich wörtlich erfüllt.

Einige Jahre vor seinem Tode, als ich auch die Ehre eines längeren Gesprächs mit der Majestät Eduard VII. hatte, erwähnte er auch mit besonderem Interesse die Zahlenlehre und bemerkte wörtlich, daß es wirklich sehr bezeichnend gewesen sei, wie die von mir angegebenen Zahlen sein Lebensgeschick bestimmt hätten.

Damals erzählte er mir, daß er sich im Jahre 1889 in Berlin mit einem gewissen Herrn Streltz, einem guten Okkultisten, über Zahlenmagie unterhalten habe. Dieser hatte manches vom Schicksal Kaiser Wilhelms II. vorausgesagt. Doch war er im Falle des Königs Eduard VII. nicht in der Lage gewesen, die schicksalsmächtigen Zahlen herauszufinden. In meinem Memoirenwerk führte ich übrigens die Unterredungen, die mir König Eduard VII. gewährte, ausführlich an.

König Eduard VII. und Lord Randolph Churchill

Anläßlich eines unserer Gespräche erwähnte König Eduard VII. zufällig, daß Lord Randolph Churchill, sein „lieber Freund", wie er zu sagen pflegte, besonders abergläubisch in bezug auf die Zahl 13 sei und die Unannehmlichkeiten seines Lebens stets auf den Umstand zurückführe, daß er am 13. Februar 1849 geboren wurde. Die Quersumme der Jahreszahl 1849 ist die 22 – reduziert auf die Grundzahl kommt 4 heraus.

Ich konnte König Eduard verständlich machen, daß die Zahl 13 *grundsätzlich nicht* als *Unglückszahl* betrachten werden dürfe und daß diese weitverbreitete Ansicht in der esoterischen Tradition keinen Rückhalt besäße. Ich erklärte ihm, daß die 13 selbstverständlich nach der okkulten Zahlenlehre bei allen am 4., 13., 22. und 31. eines Monats Geborenen eine besondere Bedeutung erlange und daß sie unter Umständen *auch* eine negative Vorbedeutung haben könne, indessen von den Okkultisten alter Zeiten in erster Linie hoch in Ehren gehalten worden sei.

Als ich im Januar des Jahres 1895, einige Jahre vor dem Hinscheiden von Lord Randolph Churchill, in London weilte, hatte ich auch mit diesem bekannten Staatsmann eine kürzere Aussprache über die okkulte Bedeutung der Zahlen und deren Entsprechungen zum menschlichen Leben. Lord Churchill sagte mir damals, daß ihn meine Zahlenlehre besonders interessiere und daß die 4 die schicksalhafte Zahl seines Lebens sei. Diese von ihm selbst gemachte Entdeckung konnte ich ihm vollauf bestätigen, denn die 4 und die ihr zugeordneten Zahlen (also jene, deren Quersumme 4 ergibt!) war tatsächlich mit den wichtigsten Ereignissen seines Lebens eng verknüpft.

Lord Russell of Killowen

Hier möge noch eine andere merkwürdige Voraussage auf der Grundlage meiner Zahlenlehre erwähnt werden. Ich hatte einst eine Unterredung mit Sir Charles Russell, dem späteren Lord Russell of Kilowen. Ihm setzte ich auseinander, weshalb seine bedeutungsvollsten Zahlen die 1 und die 4 sowie die damit verwandten Zahlen, die 2 und die 7, seien und wie sich die symbolische Wirkung dieser Zahlen in seinem Leben abzeichnen würde. Ich sagte ihm voraus, daß er in seiner Berufslaufbahn die höchste für ihn erreichbare Position an einem der 1 unterstellten Datum einnehmen würde, also an einem 1., 10., 19. oder 28. Tage in einem Monat bzw. Tierkreisabschnitt, der von den Zahlen 2 und 7 ‚beherrscht' wird. Die Jahreszahl dieses Ereignisses aber würde die Quersumme 4 ergeben. Sir Russell notierte sich meine Angaben genau. Als er viele Jahre später die Position des obersten englischen Richters erklommen hatte und seine Amtstracht zum ersten Mal angelegt hatte, ließ er mich ins Justizministerium bitten. Dort, in seinem Privatzimmer, überreichte er mir als Andenken und dankbare Anerkennung meiner exakt erfüllten Prognose den Abdruck seiner Hand mit der Inschrift: „19. Juli 1894".

(Es muß hier bemerkt werden, daß „Cheiro", wie wir uns erinnern, auch ein berühmter Handliniendeuter war. Lord Russell symbolisierte durch seine Gabe gleichzeitig seinen Dank für

Cheiros Handlesekunst, die zweifellos Mitursache dieser erstaunlichen tagesgenauen Prognose für den Lord war. Es ist selbstverständlich, daß nicht in *jedem* Falle derart verblüffende Prognosen bzw. Prophezeiungen wie für diesen Lord-Richter gemacht werden können. In erster Linie ist die Zahlenlehre oder Numerologie eine praktische wertvolle Lebenshilfe!)

KAPITEL XVIII

Ist die Scheu vor der Zahl 13 begründet?

Es ist bekannt, daß die meisten Menschen eine eigentümliche fest-verwurzelt scheinende Scheu vor der Zahl 13 haben. Indessen ist diese so gefürchtete Zahl keine eigentliche Unglückszahl für jenen, der sich der Bedeutung dieser Zahl bewußt ist.

Wahrscheinlich hat die Scheu vor dieser Zahl darin die Ursache, daß sie sehr häufig im Zusammenhang mit okkulten Belangen verwandt wurde, und der Okkultismus ist bekanntlich ein Gebiet, das seiner Art nach den meisten Menschen nicht geläufig war oder ist. Die Zahl 13 galt jedenfalls bereits in alten Zeiten als eine gewaltige, bedeutungsvolle, Ursache und Wirkung beherrschende oder anzeigende Zahl. In alten okkulten Überlieferungen heißt es: „Wer die Bedeutung der Zahl 13 kennt, besitzt den Schlüssel zu Macht und Herrschaft."

Die Hüter der kirchlichen Ordnung, die auch in früheren Zeiten zum Teil Gegner des Okkultismus waren, tragen wesentliche Schuld daran, daß diese Zahl ‚verpönt‘ wurde. Es hieß, daß die 13 nun stets Unglück bringen würde, da beim letzten Abendmahl Christi 13 beisammensaßen. Aus diesen Vorstellungen entwickelten sich dann ähnlichlautende Volksmeinungen, daß zum Beispiel einer von 13 Beteiligten einer Versammlung oder Tischgesellschaft noch im gleichen Jahre sterben würde, und andere wirklich abergläubische Ideen mehr.

Ich muß gestehen, daß ich der Auffassung bin, die Weissagungen der Heiligen Schrift besagten doch, daß Christus gekreuzigt werden mußte und daß Judas als Verräter auch seine vorbestimmte Rolle spielte, ohne die vielleicht das Christentum nicht entstanden wäre.

Aber noch einen anderen Grund gab es für den sogenannten schlechten Ruf der Zahl 13. Dieser liegt in der rätselhaften okkulten Symbolik dieser Zahl, die durch das „Skelett mit einer Sense in der Hand und Menschen niedermähend" dargestellt wurde.

Nur wenige Eingeweihte alter Zeiten haben dieses eigentümliche Bild verstanden, und diese schwiegen darüber, da es früher so oft Perioden gab, in denen es bei fürchterlichen Strafen verboten war, über okkultes Wissen zu sprechen.

Das symbolträchtige Bild, das der Zahl 13 entsprach, enthielt in seinen mancherlei Versionen doch stets dasselbe Grundmotiv, nämlich das „niedermähende Skelett". Auf einem dieser Bilder „recken sich Hände und Füße durch neugesätes Gras empor, während das gekrönte Haupt eines Mannes neben einer Sense liegt und im Hintergrund ein Frauenkopf mit aufgelöstem, in der Mitte gescheiteltem Haar zum Vorschein kommt".

Um dieses unheimliche Bild richtig deuten zu können, muß man sich auch die Deutung der Grundzahl 4 vergegenwärtigen, denn die 13 ist dieser Zahl zugeordnet, da ihre Quersumme 4 ist.

Die Grundzahl 4 ist bekanntlich auch eine gewissermaßen ‚revolutionäre' Zahl, symbolisch gesehen, und Menschen, die dieser Zahl zugeordnet sind, neigen dazu, sich mißverstanden zu fühlen und geheime Feinde und Neider herauszufordern. Die ‚Vierer' wenden sich überwiegend gegen bestehende Ordnungen, obwohl sie auch bereit sind, sofern ethische Einstellung vorliegt, positive Neuerungen zu fördern und sich dem Sozialdienst zu widmen. Menschen dieser Gruppe sind selten geneigt, Autoritäten anzuerkennen, und sind von einem heftigen Freiheits- und Neuerungsdrang beflügelt.

Die Zahl 13 symbolisiert nun auf *höherer* Ebene und in stärkerer Betonung die gleichen Tendenzen wie die Zahl 4. Das revolutionäre Prinzip ist deutlich an dem letztgenannten für die 13 verwendeten Bild zu erkennen. „Das Volk empört sich wider den König, dessen Haupt von der Sense gemäht, auf der Erde liegt." Der weibliche Kopf im Hintergrunde des Bildes deutet ebenfalls auf *soziale Neuerungen,* eine neue soziale Ordnung, Gleichberechtigung der Frauen und ähnliches.

Nun hat gerade das Symbol des „Skeletts mit einer Sense" bei den meisten Menschen die Vorstellung von Tod, Vernichtung, Leid und Unglück hervorgerufen und der Zahl 13 ihre böse Vorbedeutung angehängt. Diese Vorstellung besteht aber zu Unrecht, wie wir jetzt immer deutlicher erkennen, denn das Symbol des Todes als „Sensemann" ist hier kein Zerstörungssymbol, sondern das Sinnbild der *Verwandlung* des Alten, Morschen und Negativen in Neues, Fruchtbares und Positives!

Die Zahl 13 gehört also zur Reihe der Vierer-Zahlen, das heißt zu jenen, deren Quersumme eine 4 bildet. Daraus erhellt, daß die 13 bei den der 4 zugeordneten Menschen (deren Geburtstags- oder Namenszahl eine 4 ergibt) eine besondere Rolle spielt und die Tendenz des besonders häufigen Vorkommens im Schicksalslauf dieser Menschen hat.

Aus meinem reichhaltigen Quellenmaterial führe ich noch einige Zitate an, die sich auf die Bedeutung der Zahl 13 im Lebensgeschick beziehen.

Mr. H. C. Sherman aus Denver, Colorado, USA, teilte mir mit:

„Ich begegnete einem Fräulein Weeks, machte ihr einen Heiratsantrag und verlobte mich mit ihr an einem 13.

Zum Traualtar führte ich sie am Freitag, dem 13. Juni 1913, um 13 Minuten nach 10 Uhr, vormittags. Sowohl meine Frau als auch ich wurden an einem 13. geboren. Zu der Hochzeit waren 13 Gäste eingeladen, und die Braut trug einen Strauß aus 13 Rosen."

Die englische Zeitung „Daily Express" berichtete, daß der Polizeibeamte John Frigg seinen Kollegen sagte, er glaube nicht an eine schlechte Bedeutung der Zahl 13. Zur Begründung bemerkte er: „Ich stamme aus einer Familie mit 13 Mitgliedern; mit 13 Jahren begann ich zu arbeiten; in meiner ersten Stellung war ich 13 Jahre, und am 13. April trat ich in Dover in den Polizeidienst."

Aber eine düstere Bedeutung der Zahl 13 ist natürlich nicht ausgeschlossen, wenn man nicht, wie bereits erwähnt, alles sogenannte Unheil als Vorboten der Verwandlung in späteres Heil betrachten will. Im Falle des Herrn Phuvah Rudd aus North Burton, Yorkshire, England, machte sich die 13 in augenfälliger Weise während seines ganzen Erdenlebens bemerkbar:

„Mr. Rudd starb plötzlich an einem 13. an Herzschlag. 13 Wochen vorher hatte er in der Vereinskasse seines Dorfes einen Betrag hinterlegt. An seinem Todestage waren nur noch 13 Schilling übrig. Sein jüngster Sohn wurde am Tage seiner Bestattung 13 Jahre alt. 13 Mitglieder seines Vereins und 13 Familienangehörige waren zur Trauerfeier erschienen. Die Gesamtstrecke der Anreise sämtlicher 26 Teilnehmer an der Bestattung von ihren Wohnorten bis zum Friedhof betrug 1300 Meilen! Die Familie des Herrn Rudd bestand aus 13 Angehörigen. Der älteste Sohn diente in der königlichen Marine in einer Abteilung Nr. 13 und auf seinem 13. Schiff. Der seltene Taufname des Herrn Rudd, nämlich ‚Phuvah‘, kommt in der Bibel im 13. Vers des 46. Kapitels des 1. Buches Moses vor. Insgesamt wurden 13 Telegramme abgesandt, um den Tod des alten Herrn anzuzeigen."

Wann Mr. Rudd geboren wurde, konnte leider nicht ermittelt werden. Doch in Anbetracht der markanten Rolle der 13 bei ihm kann fast mit Bestimmtheit angenommen werden, daß der Geburtstag dieses Herrn an einem der Zahl 4 zugeordneten Tage, wozu auch die 13 gehört, gefeiert wurde.

Und hier noch ein Brief zum „Falle 13":

„Verehrter Herr!

Wie ich hörte, möchten die Leser Ihres Zahlenbuches einiges über das Vorkommen der Zahl im Leben wissen. Ich selbst gehöre zu den ‚Dreizehnern'. Denn am 13. Januar 1840 wurde ich geboren. Die Quersumme der Jahreszahl meiner Geburt ist auch die 13. Mit 13 Jahren verdiente ich mein erstes Geld. Meine erste politische Rede hielt ich mit 26, also ‚zweimal dreizehn' Jahren. Und eine am 26. Januar gehaltene Rede war der Auftakt zu meiner späteren guten politischen Laufbahn. Im 13. Jahr nach meiner Antrittsrede vor dem Stadtrat von Sunderland wurde ich zum Parlamentsabgeordneten für diese Stadt gewählt.

Meine erste Frau war nur 13 Jahre meine liebe Lebensgefährtin; sie starb am 26. eines Monats. Mit 58 Jahren (die Quersumme dieser Zahl ist ebenfalls die 13) heiratete ich zum zweiten Male. Es war im Jahre 1898 (Quersumme 26 bzw. 2 mal 13), und meine zweite Frau wurde am 13. geboren und starb auch an einem 13. Ich war 3 mal 13 Jahre aktives Mitglied der Liberalen Partei, beteiligte mich aber im Jahre 1903 (Quersumme 13) an Mr. Chamberlains Kampf für bessere Lohntarife. Zu diesem Zweck wurde ich als Kandidat in Sunderland mit aufgestellt und trug mit 12 334 Stimmen den Wahlsieg davon. Die Quersumme dieser Zahl, durch die meine politische Laufbahn gekrönt wurde, ist wiederum 13. So wurden sehr wichtige, leidvolle und glückhafte Ereignisse in meinem Leben von der Zahl 13 bestimmt."

Ihr ergebener
Samuel Storey.

Southill, Chester-Le-Street,
13. Dezember.

Wie die Zeitung „Chronicle" einmal schrieb, sind selbst gebildete Leute nicht vor der abergläubischen Angst vor der 13 geschützt. Denn kaum je einmal kann beobachtet werden, daß die mit der Zahl 13 gekennzeichneten Plätze im Lesesaal des Britischen Museums, die mit den Bezeichnungen 13 A bis 13 T durchnumeriert sind, alle zugleich besetzt sind. Selbst bei Überfüllung des Saales

111

ist das kaum der Fall, und man kann die kuriose Beobachtung machen, daß die Dreizehner-Plätze von den Neuankömmlingen stets zuletzt besetzt werden. Ebenfalls wird von den meisten Besuchern eher ein Ersatz-Klapptischchen zum Schreiben vorgezogen, ehe man ein prunkvolles Schreibpult mit der vermeintlich so bedrohlichen Zahl 13 benutzt.

Es kommt auch heutzutage noch oft vor, daß es in einem Hotel kein Zimmer mit der Nummer 13 gibt. In den italienischen Theatern gibt es übrigens keine Plätze mit der Nummer 13.

Doch die Scheu vor dieser Zahl ist nur auf einige Gegenden der Erde beschränkt. Andernorts wird sie sehr verehrt oder geschätzt. Im indischen Pantheon befinden sich 13 Buddha-Statuen. Die meisten indischen und chinesischen Pagoden sind von 13 scheibenförmigen Verzierungen umgeben. Im Schrein des Tempels von Atsusa in Japan wird ein ‚heiliges Schwert' verwahrt, dessen Knauf aus 13 Darstellungen der Mysteriengeschichte geformt ist.

Gehen wir auf der Erdkugel weiter westlich, erfahren wir, daß 13 die heilige Zahl der Mexikaner war. Diese kannten auch 13 Schlangentöter in ihrer Überlieferung.

Schließlich sei noch die positive Rolle erwähnt, die die mysteriöse Zahl 13 gar in der nordamerikanischen Tradition spielt.

Die Vereinigten Staaten von Amerika wurden ursprünglich von 13 Mitgliedstaaten gebildet, deren lateinisches Leitwort „E Pluribus Unum" (Aus Vielem das Eine) aus 13 Buchstaben gebildet ist. Die beiden Schwingen des nordamerikanischen Wappen- bzw. Staats-Adlers bestehen aus je 13 Federn. Und als George *Washington* die republikanische Standarte zum ersten Male hißte, wurde er mit 13 Salutschüssen begrüßt.

KAPITEL XIX

Die magische 539 bei St. Louis und Ludwig XVI.

Eines der eigentümlichsten Phänomene einer durchgängig zu beobachtenden Zahlenverbindung zwischen zwei verschiedenen Menschen, das mir jemals vor Augen kam, haben wir im Falle der nicht weniger als 539 Erdenjahre zeitlich auseinander lebenden Herrscher von Frankreich, des Heiligen Ludwig und des Königs Ludwig XVI.

Das Phänomen ist so markant, daß ich geneigt bin, es als Zeichen für die erfolgte Wiedergeburt (Reinkarnation) des Heiligen Ludwig in der Person des Ludwig XVI. zu werten.

Die angegebenen Daten entnehme ich einem im Jahre 1852 erschienenen Buche über Daten und Namen in den Annalen der Völker.

St. Louis wurde also genau 539 Jahre vor Ludwig XVI. von Frankreich geboren. Wenn wir nun diese Zahl 539 zu den wirklich bedeutungsvollen Ereignisdaten im Leben St. Louis' hinzuzählen, erhalten wir verblüffenderweise Jahresdaten, die viele gleiche oder ähnliche Ereignisse im Leben Ludwigs des XVI. anzeigen; ja selbst die Ähnlichkeit mancher Namen in diesen wiederkehrenden Schicksalsjahren ist festzustellen.

Nachstehend finden wir dieses geradezu magisch anmutende „539er-Phänomen" in übersichtlicher Gegenüberstellung der betreffenden Daten beider Herrscherpersönlichkeiten.

St. Louis		Louis XVI.	
Geburt des St. Louis		Geburt Louis des XVI.	
23. April	1215	23. August	
+	539		
=	1754	=	1754

St. Louis		Louis XVI.	
Geburt der Prinzessin Isabel, Schwester von St. Louis	1225	Geburt der Prinzessin Elisabeth, Schwester von Louis XVI.	
+	539		
=	1764	=	1764
Tod des Louis VIII., Vater von St. Louis	1226	Tod des Vaters von Louis XVI.	
+	539		
=	1765	=	1765
Minderjährigkeits-erklärung des St. Louis	1226	Minderjährigkeits-erklärung Louis XVI.	
+	539		
=	1765	=	1765
St. Louis heiratet	1231	Louis XVI. heiratet	
+	539		
=	1770	=	1770
Mündigkeitserklärung des St. Louis; er wird König	1235	Regierungsantritt Louis' XVI. als König von Frankreich	
+	539		
=	1774	=	1774
St. Louis schließt Frie-den mit Heinrich III.	1243	Louis XVI. schließt Frieden mit Georg III.	
+	539		
=	1782	=	1782

St. Louis		Louis XVI.	
Ein Prinz des Ostens sandte einen Botschafter zu St. Louis mit der Bitte, ein Christ werden zu dürfen	1249	Ein Prinz des Ostens sandte einen Botschafter zu Louis XVI. zum gleichen Zwecke	
+	539		
=	1788	=	1788
St. Louis gerät in Gefangenschaft	1250	Louis XVI. wird abgesetzt	
+	539		
=	1789	=	1789
St. Louis wird geächtet	1250	Auch Louis XVI. wird geächtet	
+	539		
=	1789	=	1789
Geburt des Tristan (sorgenvolles Geschehen)	1250	Eroberung und Zerstörung der Bastille. Beginn der Revolution.	
+	539		
=	1789	=	1789
Beginn der geistlichen Versammlungen unter Jacob	1250	Erste Versammlung der Jacobiner in Frankreich	
+	539		
=	1789	=	1789
Tod einer Prinzessin Isabel d'Angouleme	1250	Geburt einer Prinzessin Isabel d'Angouleme	
+	539		
=	1789	=	1789

St. Louis		Louis XVI.	
Tod der Königin Blanche, Mutter von St. Louis	1253	Ende der „Weißen Lilie" in Frankreich	
+	539		
=	1792	=	1792
St. Louis wünscht, sich zurückziehen zu dürfen, um Jacobiner zu werden	1254	Louis XVI. wird von einem Jacobiner hingerichtet	
+	539		
=	1793	=	1793
St. Louis kehrt nach St. Madelaine in der Provinz zurück	1254	Louis wird auf dem Friedhof Madelaine in Paris beigesetzt	
+	539		
=	1793	=	1793

Das vorstehende „Zahlenphänomen" ist meiner Ansicht nach wirklich einer der sonderbarsten und sicher durch keinen „Zufall" erklärbaren Fälle von markanten Wiederholungen weltgeschichtlicher Ereignisse ähnlicher Struktur in exakten zeitlichen Beziehungen. Die seltsame Zahl 539, die gleichsam die Hauptrolle in diesem Phänomen spielt, hat, auf die Grundzahl reduziert, zur Quersumme die Zahl 8. Die Anzahl der Buchstaben und Ziffern des Namens Louis XVI. beträgt ebenfalls 8. Diese Zahl aber bedeutet nach der okkulten Zahlenlehre symbolisch die Gerechtigkeit, das Karma, die höhere Prüfung, die Läuterung durch Leid. Die Zahl bezeichnet Menschen, die sich im Vertrauen auf eine höhere Allmacht Gottes von der Beschränktheit und Fehlbarkeit menschlicher Gerechtigkeit abwenden, um dem Rufe Gottes zu folgen und Seiner Gerechtigkeit zu entsprechen.

KAPITEL XX

Periodizität der Zahlen in geheimnisvollen Beispielen

Ein geradezu klassisches und sehr schönes Beispiel geheimnisvoller Zahlenbedeutungen in der Geschichte haben wir bereits im letzten Kapitel vernommen. Andere, ebenfalls faszinierende Beispiele solcher periodischen Zahlenerscheinungen werden wir in diesem Kapitel nennen.

Zunächst wenden wir uns noch einmal den geheimnisvoll durch die Zahl 539 verbundenen Persönlichkeiten des Heiligen Louis und Louis XVI. des Vorkapitels zu.

Beide französischen Herrscherpersönlichkeiten wurden an einem 23. geboren. Beide gehören somit zu den ‚Fünfern‘ nach unserer okkulten Zahlenlehre.

Die *Namenszahl* des *Saint Louis* (diese muß stets auf Grund des Namens der Originalsprache berechnet werden) ist nach unserem Umrechnungsschlüssel die Grundzahl 7. (Saint = $3+1+1+5+4$ $= 14 = 5$; Louis $= 3+7+6+1+3 = 20 = 2$; $5+2 = 7$.) Die *Namenszahl* des *Louis XVI.* ergibt die 9. (Louis = 2; siehe Berechnungsart oben.) XVI, die römische Ziffer, muß auch nach unserer okkulten Zahlenlehre in die normalen, arabischen Ziffern 16 umgewandelt werden. Die Zahl 16 hat die Quersumme 7. $2+7 = 9$.)

Wir folgern hieraus, daß die auf geistige und übersinnliche bzw. religiöse Ebenen hindeutende Grundzahl 7 des St. Louis eine Wandlung zu der mehr den weltlichen, materiellen, kriegerischen Plan des Louis XVI. symbolisierenden Grundzahl 9 durchmachte.

Die Summe dieser beiden Grundzahlen ergibt die 16. Diese zweistellige Zahl hat, wie wir uns erinnern, die bezeichnende Deutung des „vom Blitz getroffenen Turmes, von dem ein Mann mit einer Krone auf dem Haupt herabstürzt". Diese Symbolik trifft genau den Sturz des Louis XVI.

Nach der Hinrichtung des Louis XVI. im Jahre 1793 können wir eine weitere Periodizität, die mit der Zahl 539 zusammenhängt, in der französischen Geschichte natürlich nicht mehr nachweisen. Es mag eine kühne, aber im okkulten Sinne dennoch nicht ganz abwegige Folgerung sein, das Jahr 2293 für eine weitere Reinkarnation des St. Louis zwecks einer dritten Herrschaft über Frankreich bestimmt zu sehen. Denn im Jahre 1215 wurde St. Louis geboren. 539 Jahre später, im Jahre 1754, wurde Louis XVI. (in Deutschland Ludwig XVI. genannt) geboren. Und 539 Jahre später schreiben wir das Jahr 2293. Aber wie gesagt: das ist eine Spekulation, denn wir wissen nicht, ob es dann das Land Frankreich im heutigen Sinne noch geben wird oder in welcher Form dann die Regierungen geführt werden, und wir sind auch keinesfalls imstande, genaue Aussagen über den Verlauf von Reinkarnationen in der Zukunft zu machen. Die letzten Geheimnisse bleiben bei Gott bewahrt, und das ist gut so. Daß wir aber, nicht zuletzt durch unsere Zahlenlehre und die Zahlen-Symbologie im allgemeinen, hier und da den geheimnisvollen Vorhang, der das menschliche und kosmische Geschick verdeckt, etwas lüften dürfen, um gelegentlich Einblicke in die „Werkstatt des Schicksals" zu gewinnen, soll uns zufrieden stimmen und uns die Gewißheit geben, daß Gott auch den Verlauf der Geschichte sorgsam geplant hat.

Ein anderes interessantes Beispiel für die periodische Wiederkehr von Zahlen in der Geschichte der französischen Könige, in der die Zahl 14 die Hauptrolle spielt, ist das folgende:

Der erste König von Frankreich hieß Henri und wurde am 14. Mai 1029 für sein Amt geweiht. Der letzte König dieses Namens wurde am 14. Mai 1610 ermordet.

Der 14. König, der den Titel „König von Frankreich und Navarra" führte, war Henri de Bourbon. Dieser Name besteht aus 14 Buchstaben.

Am 14. Dezember 1553, das sind 14 Jahrhunderte, 14 Jahrzehnte und 14 Jahre nach Christi Geburt, wurde König Henri IV. von Frankreich geboren. Die Quersumme der Jahreszahl 1553 ist ebenfalls 14!

Am 14. Mai 1554 unterzeichnete König Henri II. die Verordnung, daß die Straße „Rue de la Ferronnerie" verbreitert werden müsse. Dieser Befehl wurde jedoch nicht ausgeführt, und genau 4mal 14 Jahre danach wurde die Enge dieser Straße ein Anlaß, König Henri IV. zu ermorden.

Am 14. Mai 1552 wurde Prinzessin Marguerite de Valois, die erste Gemahlin Henri des IV., geboren.

Am 14. Mai 1588 begann der Herzog von Guise mit dem Aufstand gegen Henri III.

Am 14. März 1590 gewann Henri IV. die wichtige Schlacht bei Ivry.

Am 14. Mai 1590 wurde die Hauptarmee Henri des IV. bei Paris besiegt.

Am 14. November 1590 schwor die „Clique der Sechzehn", eher sterben als dem König Henri IV. dienen zu wollen.

Am 14. November 1592 nahm das französische Parlament eine päpstliche Bulle (amtliches Dokument) an, durch die der päpstliche Gesandte bevollmächtigt wurde, einen König anstelle von Henri IV. zu ernennen.

Am 14. Dezember 1599 unterwarf sich der Herzog von Savoy dem Henri IV.

Am 14. September wurde der Dauphin, der spätere König Louis XIII., getauft.

Am 14. Mai 1610 wurde Henri IV. in eben jener engen Rue de la Ferronnerie von dem Attentäter Ravaillac ermordet.

Am 14. Mai 1463 starb Louis XIII., der Sohn Henri des IV., und zwar an demselben Tages- und Monatsdatum wie sein Vater. Die Quersumme der Jahreszahl 1643 ist ebenfalls 14.

In diesem Jahre, 1643, fand auch die Krönung von Louis XIV. statt. Dieser starb im Jahre 1715 (Quersumme 14) im Alter von 77 Jahren (Quersumme 14).

Im Jahre 1715 mit der Quersumme 14 wurde auch Louis XV. gekrönt.

Louis XVI. berief im 14. Jahre seiner Herrschaft die Reichsstände zur Beratung ein, wodurch später die Revolution und sein Sturz veranlaßt wurde.

Die Wiedereinsetzung der Bourbonen in ihre Herrscherrechte geschah im Jahre 1814 mit der Quersumme 14.

Ein okkulter Hinweis, weshalb die Zahl 14, deren Quersumme und Grundzahl die 5 ist, so ungewöhnlich oft mit der französischen Geschichte verknüpft erscheint, liegt vielleicht in der Annahme, daß die Stadt Paris vom Tierkreiszeichen ‚Jungfrau‘ beherrscht wird. Der sogenannte Herrscherplanet dieses Tierkreiszeichens aber ist der Merkur, dem wiederum die Zahl 5 zugeordnet ist. Paris als Sitz der französischen Könige und Landeshauptstadt aber verkörperte die Geschichte des ganzen Landes.

Eine weitere zahlenmagische, auf die Periodizität der Zahlen in historischen Daten hinweisende oft zu beobachtende Tatsache ist die neuerliche geschichtliche Bedeutsamkeit von Daten (insbesondere Jahresdaten), die aus der Addition der Quersumme zu vorhergehenden wichtigen Jahreszahlen gewonnen werden.

Hierfür wird nun auch ein Beispiel aus der französischen Geschichte angeführt

Ende der Französischen Revolution und Hinrichtung Robespierres		1794
+ Quersumme dieser Jahreszahl	=	21
= Sturz Napoleons im Jahre		1815
+ Quersumme dieser Jahreszahl	=	15

= Pariser Juli-Revolution, und
Karl X. dankt ab im Jahre   1830
+ Quersumme dieser Jahreszahl   12

= König Louis Philippe stirbt im Jahre   1842
+ Quersumme dieser Jahreszahl   15

= Ende des Krimkrieges im Jahre   1857
+ Quersumme dieser Jahreszahl   21

Staatsvertrag in Berlin, Deutschlands
Schutzbündnis mit Italien im Jahre   1878
+ Quersumme dieser Jahreszahl   24

= Kriegsgefahr mit England wegen
Faschoda in Afrika im Jahre   1902
+ Quersumme   12

= Beginn des Ersten Weltkrieges im Jahre   1914

Die weiteren Jahreszahlen nach dieser Methode sind dann 1929
(aus 1914+15), 1950 (aus 1929+21), 1965 (aus 1950+15),
1986 (aus 1965+21), 2010 (aus 1986+24) usw.

Gewiß kann man das Jahr 1929 in der französischen Geschichte
zwanglos als Beginn des Baues der Maginotlinie in diese Zahlenserie einschalten, und der Beitritt Frankreichs zum Nordatlantik-
pakt und zum Europarat im Jahre 1949 (obwohl hier bereits eine
Abweichung von einem Jahr in der Zahlenserie besteht, die
eventuell noch „statthaft" ist) könnte auch noch in diesen Zahlen-
zusammenhang gebracht werden. Welche Ereignisse 1965 und
1986 und darüber hinaus mit Bezug auf Frankreich stattfinden,
wissen wir noch nicht. Indessen ist es ebensogut möglich, daß wir
mit dem Jahre 1914 die erwähnte und seit 1794 „laufende Serie"
als abgebrochen betrachten müssen. Die Erfahrung lehrt, daß
diese zahlenmagischen Phänomene, die sich in diesen Fällen als

Periodizitäten von Zahlen bemerkbar machen, nicht „in alle Ewigkeit" fortgesetzt werden. Sie treten plötzlich auf, begleiten sozusagen den Geschichtsverlauf eines Volkes oder einer Person eine Weile und manchmal durch Jahrhunderte hindurch, um dann wieder zu verschwinden. Weshalb dies so ist, wissen wir nicht. Aber mit der Feststellung, daß es diese Phänomene gibt, müssen wir zufrieden sein, und zwar wiederum aus dem Grunde, einen ganz kleinen Einblick wenigstens in „Gottes Werkstatt zu nehmen, in der das Schicksal geknüpft wird".

Hier haben wir ein weiteres merkwürdiges Beispiel für die zuvor bereits angeführte Quersummenaddition bei Jahreszahlen, über das im Jahre 1914 in Deutschland und Frankreich viel debattiert wurde:

Als Prinz Wilhelm von Preußen, der spätere Kaiser Wilhelm I., im Jahre 1849 mit seiner Mutter, der Königin Louise, auf seiner Flucht in England weilte, traf er dort eine Magierin, die auf dem Gebiet der okkulten Zahlenlehre über Können und Wissen verfügte. Der Prinz bat die Frau, ihm etwas über seine Zukunft zu verkünden. „Zählt", erwiderte die Alte, „die Ziffern dieses für Euch so bedeutungsvollen Jahres zusammen und zählt Sie zu dieser Jahreszahl." Der Prinz tat so und kam auf die Jahreszahl 1871, denn 1849 + 22 (Quersumme von 1849) ergibt 1871. „In diesem Jahre werdet Ihr einen Krieg siegreich beenden und zum Kaiser ernannt werden", fuhr die Magierin fort. „Wenn Ihr aber die Jahreszahl 1871 zusammenzählt und zu dieser selbst addiert, werdet Ihr die Jahreszahl Eures Lebensendes erhalten", kündete die unheimliche Frau. Der Prinz rechnete weiter und erhielt die Zahl 1888. „Aber was wird danach aus meinem Lande", fragte der Prinz. „Rechnet auf gleiche Weise weiter", erwiderte die Frau, „und Ihr werdet auf das Jahr kommen, in dem der Mann, der dann Eure Krone trägt, einen neuen Krieg planen wird, der ihm und Eurem Land tiefste Erniedrigung bringen wird." Dieses Jahr aber war 1913, denn 1888 + 25 ergibt 1913!

Daß es sich bei dieser Berechnung um eine Tatsache gehandelt hat, bestätigte mir ein naher Verwandter Kaiser Wilhelms II. persönlich, der mich im Jahre 1904 in Paris aufsuchte, also viele Jahre *vor* dem als letztes prophezeiten und eingetretenen Ereignis!

Schließlich erwähne ich noch eine uralte Überlieferung über die Regentschaft der *Päpste* in Rom. Kein Papst, der den Stuhl Petri innehat, heißt es in dieser Überlieferung, wird eine Regierungszeit von 26 Jahren erreichen!

Und tatsächlich ging diese anscheinende Prophezeiung bisher in Erfüllung.

Am längsten regierte Papst Leo XIII., und zwar ein wenig über 25 Jahre. Fünf andere Päpste, die am nächsten an diese ominöse Zeitspanne herankamen, sind Pius VI. (Regierung 24 Jahre, 6 Monate, 14 Tage), Hadrian I. (Regierung 23 Jahre, 10 Monate und 17 Tage), Pius VII. (Regierung 23 Jahre, 5 Monate und 6 Tage), Alexander III. (Regierung 21 Jahre, 11 Monate und 23 Tage) und Sylvester I. (Regierung 21 Jahre und 4 Tage).

KAPITEL XXI

Notwendige Zusatzinformationen

Selbstverständlich erhielt ich, wie bereits früher angedeutet, von Klienten, die ich zahlenmagisch beraten habe, ganze Berge von Anfragen nach dieser oder jener noch unklaren Einzelheit meiner Zahlenlehre. Ich kann indessen versichern, daß alle meine bisher aufgeführten zahlenmagischen bzw. kabbalistischen Regeln auf Grund wirklich stattgefundener bedeutender Ereignisse nach allen Regeln der Kunst „getestet" wurden und sich somit als richtig bewährten.

Etliche okkultistische Autoren tauchten auch auf, die von meiner Zahlenlehre hörten und nun meinten, diese verbessern zu müssen. Doch führten die Bemühungen dieser Autoren, sofern sie eben auf meine Zahlenlehre Bezug nahmen, eher zu Verwirrungen meiner nicht nur theoretisch, sondern auch praktisch anwendbaren Regeln.

Im wesentlichen gab es zwei philosophische Schulen, die sich mit der Erforschung der Zahlengeheimnisse im Altertum befaßten, nämlich die *Pythagoräer* und noch weiter zurückliegend die *Chaldäer.*

Der griechische Philosoph Pythagoras, der alles Wissenswerte über okkulte Zahlengeheimnisse während seines Aufenthaltes in Ägypten erfuhr und aufnahm, gründete nach seiner Rückkehr nach Griechenland eine esoterisch-philosophische Schule, wie sie der damaligen Zeit entsprach. Nur einer sehr geringen Anzahl fähiger und zur Erkenntnis reifer Schüler wurde es gestattet, seiner Belehrungen teilhaftig zu werden. Je schwieriger diese Belehrungen wurden, desto verwickelter wurden selbstverständlich deren Begriffe, und desto weniger Auserwählte gab es, die dem berühmten Meister noch folgen konnten. Daraus entstand schließlich eine bestimmte Rangordnung unter den okkulten bzw. eingeweihten Priestern, und die Schranken zwischen diesen Eingeweihten, den Esoterikern, und dem sogenannten gemeinen Volke wurden unüberbrückbar.

Die okkulten Lehren durften dann nur noch mündlich weitergegeben werden. Das Schweigegebot wurde strengstens eingehalten, und sorgsam vorbereitete heilige Zeremonien wurden eingeführt, bei denen die Schüler den Eid leisten mußten, die okkulten Weisheiten geheimzuhalten.

Nach dem Tode des Pythagoras gründeten sehr viele der Eingeweihten eigene philosophische Schulen. Das Lehrgut dieser Schulen unterschied sich jedoch erheblich von den Lehren des Meisters Pythagoras oder „Freundes der Weisheit", wie er sich nannte. Die Verwirrung wurde noch größer, als die ersten Kirchenväter die okkulten Lehren als „Teufelswerk" verwarfen.

Eine der wesentlichsten Erkenntnisse des Pythagoras bestand darin, daß er die Zahl als symbolischen Grundbegriff des Seins herausstellte und die Zahlen als Träger der kosmischen Geheimnisse, der Ordnung des Weltalls, ansah. Diese Erkenntnisse waren auch richtig; doch die Nachfolger des Pythagoras schlossen die von ihm gelehrten Grundsätze derartig in mystische oder mystifizierende Riten ein, daß nur noch wenige Menschen den verborgenen hohen Weisheiten auf den Grund kommen konnten.

Ähnliches widerfuhr Jahrhunderte später den wundervollen Lehren Jesu von Nazareths. Nach der Kreuzigung dieses größten aller Meister wurden seine Lehren von den zwölf Jüngern in ganz verschiedener Weise, ganz nach der jeweiligen inneren Einstellung, Mentalität und Auffassungsgabe weitergegeben. Die Tausende von Nachfolgern Christi, wie Päpste, Bischöfe, Apostel, Prediger und andere Gelehrte, fügten dann zu den Lehren des Heilandes so vieles hinzu und ließen auf der anderen Seite auch so vieles fort, daß schließlich kaum einer mehr den wahren Kern der Urlehre Jesu Christi finden konnte.

Allen denen, die tiefere Einsichten in die uralten okkulten Lehren gewinnen möchten, rate ich, die ältesten Quellen zu studieren und nach Möglichkeit die chaldäischen, indischen und hebräischen Überlieferungen, wie ich es auch tat, zu lesen, weil die in dieser zahlenmagischen Lehre enthaltenen Weisheiten in ihren Zusammenhängen dadurch verständlicher werden. Selbstverständlich aber ist ein solches Quellenstudium keine notwendige Voraussetzung für die praktische erfolgreiche Arbeit mit meinem okkulten Zahlensystem.

Hätte ich ein Buch über die geschichtliche Entwicklung der Zahl im Leben der Menschen, beginnend von den urgeschichtlichen Anfängen an, geschrieben, würde ich damit sicherlich nicht das Interesse einer großen Leserschaft erweckt haben. Der Mensch von heute sucht nach einer Methode zur praktischen Verbesserung und Harmonisierung des Lebens, die nicht ein mühsames Fachstudium und zeitraubende Gedächtnisarbeit zur Voraussetzung hat. Aus diesem Grunde schrieb ich insbesondere die bisherigen zwanzig Kapitel in erster Linie für die sogenannte „breite Masse", d. h. für die weniger vorgebildeten Leser. Und ich kann nicht deutlich genug betonen, daß es auch diesen „einfachen" Lesern gelingen kann, sich durch Fleiß und intensive Befassung mit der zahlenmagischen Lehre zu „Meistern dieses Faches" auszubilden und aus erstarrten festgelegten Weltanschauungen dogmatischer Prägung zu erlösenden Erkenntnissen und zu höherer, geistiger Lebensanschauung emporzudringen.

Ich werde mich bemühen, die wichtigsten Fragen aus den vielen Tausenden Briefen, die ich als okkulter Zahlenpraktiker bekam, zu beantworten.

Eine häufig gestellte Frage lautet, ob man etwa die üblichen Anreden „Herr", „Frau" oder „Fräulein" auch zahlenmäßig mitberechnet. Darauf ist zu antworten, daß die entscheidende Namenszahl stets aus dem *am meisten gebrauchten Namen* errechnet wird. Dieser am meisten gebrauchte Name kann sich übrigens je nach der Umgebung und Lokalität ändern. Im Familienkreise mag man anders angeredet werden als in der Berufswelt. Und insofern muß *dann* eine gewöhnliche Anrede in die Berechnung der *Namenszahl* einbezogen werden, *wenn* diese Anrede in einer bestimmten Umwelt ständig angewandt wird. Die auf diese Weise gewonnene Zahl gilt dann aber *nur* für die betreffende Umwelt.

Ich erläutere das an einem Beispiel. Wird ein „Fräulein Müller" ständig oder überwiegend an ihrem Arbeitsplatz mit dieser Anrede angesprochen, so gilt als Hauptnamenszahl für eben diesen Arbeitsplatz die sich aus den Worten „Fräulein Müller" ergebende Zahl, nämlich die Zahl 1. (Fräulein = 36 = 9; Müller = 28 = 10; 9+10 = 19; 1+9 = 10 = 1.)

Würde Fräulein Müller beispielsweise an ihrem Arbeitsplatz überwiegend „Fräulein Martha" genannt, so ergäbe sich für sie die „berufliche Namenszahl" 8, denn Fräulein (= 36) + Martha (= 17) wird zu der zahlenmagischen Summe 53 zusammengezogen, deren Quersumme die 8 ist. Würde sie nur „Martha" genannt werden, bliebe ebenfalls die Zahl 8 als Namenszahl bestehen, da der Name „Martha" die zusammengesetzte Zahl 17 und damit die Grundzahl 8 ergibt.

Wenn das junge Mädchen unseres Beispiels nun heiratet und „Frau" oder „gnädige Frau" genannt wird, so ist die *gesamte neue Anrede* ebenfalls zahlenmagisch zu berechnen und ergibt, je nach üblicher Anwendung, in Verbindung mit dem Namen oder auch allein für sich, die wirksame Schlüsselzahl für jene Umgebung, in der die entsprechende Anrede angewandt wird. Wenn z. B. Hausbedienstete „gnädige Frau" zu einer Dame sagen, so hat die kabbalistische Zahl für eben diese Anrede (nämlich die Zahl 8; zusammengesetzt aus 27 für „gnädige" und 17 für „Frau" = zusammengesetzte Zahl 44 = Grundzahl 8) unter Umständen Bedeutung in bezug auf das Verhältnis zu den diese Anrede anwendenden Menschen. Doch die *Namenszahl* bleibt nichtsdestoweniger uneingeschränkt gültig und ist für alle persönlichen Unternehmungen, wie in früheren Kapiteln ausgeführt wurde, erstrangig zuständig.

Die obigen Anweisungen gelten auch für männliche Personen, bei denen die Anrede „Herr" im Berufs- oder Privatleben angewandt wird.

Ob ein Mensch viele oder wenige Taufnamen besitzt, spielt bei der zahlenmagischen Berechnung keine Rolle, da für diese Berechnung stets nur der jeweils *zur Zeit bekannteste Name* in Betracht kommt.

Die gleiche Grundregel gilt für jede Anrede, für jeden Dienstgrad, für jeden erblichen Adelstitel und auch für jeden verliehenen Titel oder Grad, sofern diese Attribute tatsächlich geführt werden.

Am Beispiel der berühmten Sängerin *Melba* werde ich die Bedeutung unserer Zahlenlehre wiederum näher erläutern:

Der Familienname dieser einst sehr berühmten Sängerin ergibt nach unserer Umrechnungstabelle die zusammengesetzte Zahl 15 und damit als Grundzahl die 6. Beide Zahlen zeigen eine günstige Tendenz an, und zwar besonders im Hinblick auf weltliche Erfolge, wie ich im 8. und 13. Kapitel darlegte. Überzeugende Beredsamkeit, künstlerische Begabung und schauspielerische Talente waren der „großen Melba", wie man sie nannte, in hohem Maße zu eigen.

Aus ihrem Gesamtnamen „Nellie Melba" ergibt sich die ebenfalls positive Zahl 10, die der „charaktervollen" Grundzahl 1 zugehört. Diese Grundzahl 1 zeigt Energie, ehrgeiziges Streben und kraftvolle Impulse sowie Unternehmungsgeist an.

Schließlich wurde der Sängerin Nellie Melba der Ehrentitel „Dame" verliehen, ein englischer Titel für besonders verdiente Damen bzw. Ordensinhaberinnen. Der Gesamtname bzw. die Gesamtbezeichnung „Dame Nellie Melba" ergibt wiederum die zusammengesetzte Zahl 15, wenn die Grundzahlen aller drei Namensteile addiert werden (Dame = 5; Nellie = 4; Melba = 6). Aus diesen Fakten kann man folgern, daß diese Frau von einem besonders günstigen Geschick geleitet wird.

Es kommt aber auch vor, daß ein neu erworbener Titel oder Dienstgrad *weniger* glückhaft für den Träger ist, wenn die *Na-*

menszahl, die unter *Einbeziehung des Titels* berechnet wird, in *keinem günstigen Verhältnis* zur *Geburtstagszahl* steht oder aber für sich allein gerechnet eine Zahl ergibt, die der 4 oder 8 zugeordnet ist. In diesem Falle empfiehlt es sich, den betreffenden Titel oder Dienstgrad möglichst wenig oder in einer Abkürzung zu führen oder aber den Namen durch einen Buchstaben zu ergänzen, der ein besseres Zahlenverhältnis hervorbringt.

Im Falle der beiden großen Napoleons haber wir wiederum ein schönes Beispiel für Zahlenänderungen und deren symbolische Wirkungen durch Hinzufügung einer Zahl, die in unserer okkulten Zahlenlehre bekanntlich ebenso gültig ist wie die Hinzufügung eines Buchstabens. Der Name *Napoleon* hat die okkulte Namenszahl 41, die mit „magischer Gewalt" zusammenhängt, wie ich bereits über die Bedeutung der zusammengesetzten Zahlen erklärte. Als Napoleon Kaiser von Frankreich geworden war, nannte er sich „Napoleon I.", wodurch er die zusammengesetzte Zahl 42 und die dazugehörige Grundzahl 6 als Namenszahlen bekam. Beide Zahlen künden auch Macht und Glück an, und Napoleon I. wird im Gedächtnis der Nachwelt stets als der „mächtige Napoleon" lebendig bleiben.

Im Falle Napoleon III. ergibt sich nun die zusammengesetzte Zahl 44, die sehr ernste Warnungen in bezug auf künftiges Geschehen versinnbildlicht. Diese Zahl deutet auf Mißgeschick bei Teilhaberschaften und auf schlechte Ratgeber hin. Diesem Geschick fiel auch Napoleon II. zum Opfer. Die Grundzahl der 44 ist die verhängnisvolle 8, deren in den meisten Fällen harte durchgreifende Bedeutung in diesem Falle sogar die magische Potenz der Zahl 41 des Namens „Napoleon" verdrängte. So ging denn Napoleon III. in die Geschichte als der Mann ein, „der Frankreich verlor".

Hier haben wir noch ein anderes interessantes Beispiel:

Als König Edward VII. englischer Herrscher wurde, hatte er seinen bisherigen Rufnamen *Albert* abgelegt bzw. nicht mehr offiziell geführt, sondern den Namen *Edward,* der somit der zahlenmagisch *gültige* Name wurde, *angenommen.*

„King Edward VII." wird wie folgt in Zahlen umgesetzt:

$$King = 11 = 2$$
$$Edward = 22 = 4$$
$$VII. = 7$$

Die Summe aus den drei Grundzahlen 2, 4 und 7 ist die zusammengesetzte Zahl 13 mit der Grundzahl (Quersumme) 4. Die Symbolik für die ominöse Zahl 13 ist uns bereits bekannt. „Die große Wandlung", „der Tod mit der Sense", „das Skelett" oder auch „neues Leben blüht aus den Ruinen" können Sinnbilder für diese Zahl sein, die, wie wir auch früher bereits hörten, im eigentlichen Sinne keine Unglückszahl zu sein braucht, aber doch oft „Niedergang des Alten, Umbruch, Opferung" ankündigt – also negative Fakten, die aber dennoch sinnvoll sind. Wenn wir die Geburtstagszahl 9 des Königs Edward VII., der am 9. November geboren wurde, zu seiner Namensgrundzahl 4 addieren, erhalten wir wiederum die Zahl 13, so daß also eine gewisse „doppelte Warnung" für diesen König angekündigt wird. Und er regierte somit auch nur kurze Zeit.

Mit diesen Ausführungen hoffe ich wieder etliche wertvolle Zusatzinformationen für meine lieben Leser und Praktiker der okkulten Zahlenlehre gegeben zu haben, die sie zum bestmöglichen Nutzen anwenden mögen.

KAPITEL XXII

Noch einmal: über die Glückstage

Einige wenige Unklarheiten, die bei diesen und jenen Freunden meiner Zahlenlehre bezüglich der früher ausführlich erklärten Berechnung der fördernden bzw. sogenannten Glückstage noch bestehen können, will ich in diesem Kapitel beseitigen.

Wir haben gelernt, daß die *Geburtstagszahl* eines Menschen einem *Planeten zugeordnet* ist, dessen symbolische *Bedeutung* für das Leben des Betreffenden *besonders kennzeichnend* ist. Auf Grund dieser Geburtstagszahl können dann die *günstigsten* Tage zur Durchführung persönlicher Pläne errechnet werden.

Ein am 1. irgendeines Monats Geborener sollte sich also, wie ich im 3. Kapitel ausführte, zur Ausführung besonderer Vorhaben (die sich selbstverständlich auch auf „normale" Ereignisse erstrecken können, die nur nicht alltäglich sind, z. B. Besuch bei bestimmten Freunden usw.) möglichst die der Zahl 1 zugeordneten Tage vorbehalten, das sind der 1., 10., 19. oder 28. eines Monats.

Die Zeitabschnitte vom 19. Juli bis zum 28. August und vom 19. März bis zum 28. April können als besonders bevorzugt für die Ausführung wichtiger Pläne angesehen werden, wenn eines der ‚Einer'-Daten in diese Zeiträume fällt. Erstrangig wichtig für die Auswahl des günstigen Tages ist aber das bloße Tagesdatum, auch ohne Berücksichtigung des Tierkreisabschnitts. Die nächstgünstigen Tage für die ‚Einer' sind dann die der 2, 4 und 7 zugeordneten Tage, besonders in den entsprechenden Tierkreisabschnitten.

Wer seine *Namenszahl* mit der *Geburtstagszahl* in Übereinstimmung bringen kann, indem er seinem Namen einen passenden

Buchstaben hinzufügt, macht sich auch besonders günstige Bedingungen in bezug auf die Auswahl der förderlichen oder Glückstage zunutze, denn die Bedeutung dieser Glückstage tritt hier verstärkt hervor.

Jeder Zahlenpraktiker aber, der sich nach den Regeln der Errechnung der förderlichen Tage zu richten beginnt, *darf nicht erwarten,* daß sich dadurch mit gleichsam magischer Gewalt eine plötzliche radikale Wende zum Glück einstellen wird. Ich habe die Erfahrung gemacht, daß ein guter Teil der Zahlenfreunde dieser falschen Ansicht huldigt, indem die okkulte Zahlenlehre als eine Art von „Patentrezept" zur Herbeiführung von Glück „um jeden Preis" angesehen wird. Als ein Beispiel für viele für einen solchen Fall zitiere ich aus dem Briefe eines Herrn, der sich eifrig mit der Zahlenlehre befaßte: „Ich habe eine Woche lang Ihre Anweisungen in bezug auf Beachtung meiner Zahlen und Daten genau befolgt, ohne indessen die geringste Wende zum Guten verspürt zu haben." Derselbe Herr schrieb mir aber drei Monate später wiederum: „Heute muß ich Ihnen mitteilen, daß ich allerdings inzwischen durch Beachtung Ihrer Zahlenregeln eine deutliche Wandlung zum Besseren in allen meinen Angelegenheiten feststellte."

An diesem Beispiel erkennen wir deutlich, daß, wie die meisten Dinge im Leben, auch unsere Zahlenlehre mit Geduld und Ausdauer angewandt werden muß, um möglichst gute Resultate zu erzielen.

Noch einmal soll hier auch herausgestellt werden, daß die *Art* des Vorhabens, für dessen möglichst günstige Durchführung man einen geeigneten Tag herausfinden will, weitgehend von der *zusammengesetzten* (zweistelligen) Zahl des betreffenden Gesamtnamens des Fragenden abhängt. Da Herr ‚Bernd Meier' unseres Beispieles im 13. Kapitel als zusammengesetzte Schlüsselzahl die 15 aufweist, die besondere Beziehung zu beruflichen Bewerbungen, Beförderungen und zu vorteilhaften Freundschaften symbolisiert, wird er also z. B. eine berufliche Bewerbung an einem seiner Geburtstagszahl zugeordneten Tage mit besonderer Erfolgsaussicht durchführen können.

Wir erinnern uns, daß eine Tagesschlüsselzahl wie folgt zustande kommt: Wir addieren die Grundzahlen der Namen zur Grundzahl (Quersumme) des auf seine „Glückhaftigkeit" hin zu untersuchenden Tagesdatums. Zu dieser Zahl addieren wir die Geburtstagszahl des Fragers. Die daraus resultierende Summe gibt uns Auskunft über den Lebenssektor, der am zweckmäßigsten an dem untersuchten Tage (der wiederum möglichst mit der Geburtstagszahl übereinstimmen soll!) in die Unternehmungen, Pläne und Vorhaben bezogen werden soll. Wenn diese Schlüsselzahl keine zweistellige ist, so kann uns auch die einstellige Grundzahl über den Lebenssektor im allgemeinen Auskunft geben. Wir richten uns dabei wiederum nach den inzwischen bekannten allgemeinen Zahlenbedeutungen. Selbstverständlich gibt es auch viele Zahlen, die entweder allgemein und für alle Vorhaben Ungünstiges anzeigen oder aber die allgemein und für alle Vorhaben Günstiges künden.

Auf diese Weise kommen wir also zu *individuellen* Ermittlungen in bezug auf die günstigen Tage und die Art der Vorhaben. Nehmen wir noch ein Beispiel: Herr ‚Robert Herrmann', geboren am 25. Februar, möchte wissen, ob er ein gewagtes Geschäftsunternehmen an einem 7. Mai entscheidend beginnen kann.

Wir rechnen: Der Vorname Robert ergibt nach unserer Umrechnungstabelle die Zahl 22 (reduziert = 4). Der Familienname Herrmann ergibt die Zahl 29 (reduziert = 10 = 1). Die reduzierte Zahl des Gesamtnamens ‚Robert Herrmann' ist 5 (4 + 1 = 5).

Zu der Zahl 5 addieren wir die Zahl des zu untersuchenden Datums, nämlich die 7, und erhalten die Zahl 12 und ihre Quersumme 3. Da Herr R. Herrmann nach unserer Annahme am 25. Februar geboren wurde, addieren wir noch die Quersumme 7 der Zahl 25 zu der 3 hinzu und erhalten die zusammengesetzte Zahl 10, für die wir im 13. Kapitel („Tabelle der zusammengesetzten Zahlen") das Symbol des *Glücksrades* finden. „Im Prinzip gilt diese Zahl als förderlich im Sinne der erfolgreichen Ausführung außergewöhnlicher Pläne" heißt es weiter in der Deutung dieser Zahl. Folglich kann der 7. Mai für Herrn R. H. zur Durchführung oder für einen Beginn eines „gewagten", also außergewöhnlichen Geschäftsplanes empfohlen werden, *sofern* keine „böswillige Fehlanwendung der guten Möglichkeiten" seinerseits erfolgt, denn dann kündet die Zahl 10 auch „steilen Abstieg" an. Da die Geburtstagszahl 25 des Herrn H. der 7 zugeordnet ist, wird er zweckmäßig stets ein Datum der Siebenerreihe zur Durchführung besonderer Vorhaben bevorzugen.

Es dürften nunmehr über die individuelle Anwendung der Regeln zur Ermittlung der „Glückstage" keine Zweifel mehr bestehen.

KAPITEL XXIII

Der Wert der Konzentration in bezug auf die Zahlenlehre

Wer von meinen Lesern den in diesem Buche bisher gebotenen Stoff ernstlich und mit Interesse durchdachte und sich Gewißheit darüber verschaffte, daß die für ihn zuständige Schlüsselzahl in allen ihren Verbindungen, wie ich sie aufgezeigt habe, reale Bedeutung in seinem Leben zeigt, wird auch kaum mehr ohne meine Zahlenlehre seine wichtigen Lebensentscheidungen treffen mögen, soweit das eben im Rahmen der Möglichkeit liegt.

Die Bedeutung bzw. symbolische Wirksamkeit (denn es ist ja keine kausale Wirksamkeit!) der zuständigen Geburtszahl oder aller anderen Schlüsselzahlen vermag nun ein jeder Mensch zu *verstärken,* und zwar erfolgt diese Verstärkung der positiven Bedeutungen der kabbalistischen Zahlen durch die Steigerung unserer *Gedankenkräfte* und durch *zielbewußte Konzentration,* die eine der kostbarsten Gottesgaben darstellt.

Nur wenige Menschen sind sich ihrer Konzentrationsgabe *bewußt;* manchen ist sie angeboren, und sie gebrauchen sie unbewußt, und in vielen wurde die Macht der Konzentration weder klar erkannt noch erweckt.

Zahllose Menschen „schwatzen fortgesetzt", und selbst der geübteste Zuhörer vermag dem oft planlos dahersprudelnden Wortschwall nicht zu folgen. Andere Menschen geben sich besondere Mühe, Bedeutsames und Interessantes zum Besten zu geben, und werden dennoch in ihren Ausführungen kaum verstanden. Die Ursache dafür liegt darin, daß diese Menschen die Gabe der Konzentration nicht richtig anzuwenden vermögen, wodurch ihrem Redestrom die *geistige Überzeugungskraft* mangelt.

Ebenso ist es, wenn diese Menschen Briefe schreiben. Mögen auch Ausdrucksweise und Satzbildung vorzüglich sein, kann ein solcher Brief für den Empfänger dennoch nichtssagend oder von nur geringem Interesse sein, womöglich beiseite gelegt und unbeachtet liegengelassen werden.

Das Gegenteil aber finden wir auch: Ein Mensch spricht nur wenig, erscheint wortkarg, und dennoch wird der *Sinn seiner Worte sofort verständlich*. Oder wir empfangen einen Brief mit nur wenigen Zeilen; doch dieser Brief spricht für uns, rührt unser Herz an. Das „Geheimnis" dieser Vorgänge liegt im Vermögen der *Konzentrationsfähigkeit der Gedanken* der betreffenden Gesprächspartner oder Briefschreiber.

Eines der bewährten Mittel, diese Konzentrationsfähigkeit auch beim sonst Konzentrationsschwachen zu verstärken, liegt in der richtigen Anwendung der Zahlenlehre.

Wir erfahren durch innere Einstellung, innere *Erwartungsbereitschaft* harmonischer Lebensgestaltung, durch Beachtung unserer förderlichen Zahlen also eine im Grunde wechselseitig fruchtbare Beziehung zwischen Konzentration und Zahlenharmonie. Je mehr wir uns nach unseren Zahlen *richten*, desto stärker wird unsere Konzentrationskraft, unser Zielbewußtsein und unsere Ausdauer; aber umgekehrt beachten wir durch diese verstärkte Konzentration desto intensiver die Regeln und Geheimnisse der Zahlenlehre.

Wenn wir einen auf Grund der Zahlenlehre für uns geeigneten Tag gewählt haben, ein bestimmtes Vorhaben zu beginnen, so verbinde man dieses Beginnen stets mit einem *guten Vorsatz*, und zwar mit der Vorstellung, daß man *Gutes für andere und für sich* durch diese oder jene Tat bewirken möge, und sei es die anscheinend belangloseste Tat und seien ihre Auswirkungen anscheinend auch noch so gering. Aber gerade dieser *gute* Vorsatz, diese Konzentration auf die *eigenen zum Guten* strebenden Kräfte wird nicht aus Gründen „bloßer Suggestion" die beste Auswirkung haben und die im Gesetz der Zahlen verborgenen harmonischen Entsprechungen zur Wirksamkeit bringen, sondern „nur das Gute gebiert wieder Gutes", wie uns bereits das Karmagesetz lehrt. Deshalb warne ich sowohl aus moralischen als auch aus religiösen und philosophischen Gründen davor, die Zahlengesetze zu unlauteren, bösartigen und absolut eigennützigen Vorhaben zu „nutzen". Wie wir bereits aus der Bedeutung der Grundzahlen und der zusammengesetzten Zahlen ersehen haben, wohnt diesen zumeist eine doppelwertige Bedeutung inne, d. h. *schlechtere* Wirkungsmöglichkeit, die symbolisch den Zahlen bzw. den zugeordneten Planeten zugeschrieben werden, wird leicht dadurch erweckt, wenn man *schlechte Absichten* verfolgt, mögen diese *zunächst* auch noch so „erfolgreich" verlaufen. Die *bessere* bzw. die *gute* Auswirkungsmöglichkeit, die symbolisch den Zahlen und Planeten zugeschrieben wird, wird um so leichter durch *gute Absichten* erweckt. Daraus folgt, daß der *gute* Vorsatz ohnehin die guten Auslösungsmöglichkeiten der Zahlengesetze verstärkt, aber die ohnehin schlechten Auslösungsmöglichkeiten abschwächt und umgekehrt. Man soll selbstverständlich das „Schicksal nicht herausfordern" und die negativen Zahlen und Tage trotzdem als Warnzeichen ansehen, jetzt keine wichtigen Unternehmungen zu beginnen.

Die Konzentration und die positive Erwartungshaltung in bezug auf die Zahlengesetze bewirken damit in vielen Fällen auch eine stetige Charakterfestigung oder -veredelung. Das *Verständnis* für die *Schwächen* des Mitmenschen wird durch Kenntnis der okkulten Zahlenlehre vertieft, und damit ist auch die *Achtung* vor den *Eigenarten* verbunden, die ein jeder Mensch und Sie selbst an den Tag legen. Der reifere Mensch wird auch mit negativen Grundzahlen ein harmonischeres, überlegeneres und vor allem verständnisvolleres Leben führen, denn er „kennt seine Zahlen und deren verborgene Schwächen", die er vielleicht überwunden hat. Deshalb aber hat er Verständnis für den Mitmenschen, der sich noch nicht überwunden hat und seine im Prinzip auf Erfolg deutenden Zahlen noch in Form der Anmaßung, Eitelkeit oder anderer niederer Eigenschaften „auslebt". Die Konzentration auf Harmonie mit unserer Umwelt wird uns, wie wir praktisch erfahren können, erst den vollen Wert der Zahlenlehre erschließen!

KAPITEL XXIV

Zahlen und Musik

Die Zahlen als Symbole der Planeten, die ihrerseits wiederum
Symbole für Charaktereigenschaften, Schicksalstendenzen und
alle Dinge und Erscheinungen des Lebens überhaupt sind, haben
außer den bereits besprochenen noch mancherlei andere wissenswerte Beziehungen.

Ein Randgebiet, das manche meiner Leser aber doch besonders
interessieren wird, sei hier kurz gestreift: der Zusammenhang
von Zahlen und Musikarten bzw. die Vorliebe der den einzelnen
Zahlen zugeordneten Menschen für bestimmte Musikarten.

Die den Zahlen 1, 3 und 9 zugeordneten Menschen, die sogenannten ‚Einer‘, ‚Dreier‘ und ‚Neuner‘, wie wir sie nannten, bevorzugen im allgemeinen (denn Ausnahmen von der Regel gibt es
wie überall im Leben so auch in unserer Zahlenlehre!) mili-
tärische, marschartige, feurig-belebende, „schmissige" Musik.

Die ‚Zweier‘ und die ‚Siebener‘ hingegen haben zumeist eine
besondere Vorliebe für Streichmusik, für Violine, Cello, Harfe,
Flöte und die solchen Musikinstrumenten besonders entsprechenden Musikweisen. Die zärtliche, einschmeichelnde, romantische
Musik, die auch sentimentalen Einschlag haben kann, werden
ebenfalls von Menschen dieser Zahlengruppen geschätzt.

Die ‚Sechser‘ werden mehr von rhythmischer Musik angezogen,
in der das romantisch-erotische Element gleichwohl vorkommen
kann. Auch liebliche, fröhliche und flotte Tonschöpfungen werden geschätzt, die aber nicht zu weich sein dürfen.

Die ‚Fünfer‘ neigen bevorzugt zu absonderlicher, außergewöhnlicher oder ‚eigenwilliger‘ Musik, können im übrigen aber an fast
jeder anderen Musikart Geschmack finden. Orientalische und

slawische Musik wird ebenso geschätzt wie Jazz, Zwölftonmusik oder leichte Unterhaltungsmusik.

Die ‚Vierer' als auch die ‚Achter' haben, soweit sie musikalisch sind, sehr oft ein besonders feines Verständnis und Gehör für Orgelmusik, Kammermusik und überhaupt für klassische Musik, soweit sie zur sogenannten „schweren" Musik gehört. Manche Angehörigen dieser Zahlengruppen leisten Hervorragendes als Organisten oder Chorleiter. Die Interpretation der Musiker unter den ‚Achtern' ist überwiegend melancholisch und oft auch von religiöser Inbrunst, religiösem Pathos oder echter Innigkeit getragen. Die ‚Vierer' aber neigen weniger zur religiösen Musik als die ‚Achter', sondern erstere schätzen auch die pathetische, wuchtige, überschwängliche, zuweilen auch mystisch-hintergründige Musik. Zu letzterer aber bekennen sich nicht selten auch manche ‚Siebener'!

Hier führe ich noch einige *Länder* mit ihrer ausgesprochenen Nationalmusik an, die in typischem Zusammenhang mit den Zahlen und Planeten steht, die diesen Ländern zugeordnet sind.

Deutschland und *England* sind dem Planeten Mars und damit der Zahl 9 zugeordnet. So herrscht in diesen Ländern auch die „mars-artige", feurige, belebende Musik vor bzw. wird am meisten geschätzt.

Irland untersteht dem Planeten Venus und damit der Zahl 6; folglich herrscht in diesem Lande die liebliche, fröhliche, romantisch-erotische Musik vor.

Schottland untersteht dem Mond und dem Planeten Saturn und somit den Zahlen 2 und 8. Streich- und Blasmusik werden in diesem Land überwiegend ebenso geschätzt wie auch ernste, religiöse Musik.

Das ebenfalls zu Großbritannien gehörende Land *Wales* ist den Planeten Uranus und Merkur und den entsprechenden Zahlen 4 und 5 zugeordnet. In diesem Lande haben wir eine reiche Skala der Musikliebhaberschaft, von den vehementen mitreißenden bis zu den urwüchsigen volkstümlichen Weisen gehend.

Die Bewohner der Vereinigten Staaten von *Amerika* unterstehen dem Planeten Merkur und der Zahl 5. Hier, im Lande der sogenannten „unbegrenzten Möglichkeiten", finden wir denn auch die „unbegrenzten Möglichkeiten" auf dem Gebiete der Musik, wie es der Zahl 5 entspricht.

KAPITEL XXV

Zahlen, Krankheiten und Heilpflanzen

Die alten Weisen, die den merkwürdigen Zusammenhang zwischen Zahlen, Charakter und Schicksalsverlauf des Menschen erkannten und erforschten, entdeckten auch die sympathisierenden wechselseitigen Einwirkungen der Naturkräfte im Weltall. Sie entdeckten, daß auch heilsame und nährende Pflanzen, Früchte, Kräuter und Gemüse mit den Planeten und Tierkreiszeichen, unter denen der Mensch geboren war, in Beziehung zu bringen waren. Diese Weisen entdeckten auch Geheimnisse der okkulten Medizin, nämlich die Heilung oder zumindest Linderung bestimmter Leiden durch bestimmte Kräuter, Wurzeln und Früchte, die sie auf Grund von Planeten, Tierkreiszeichen und Zahlen ermittelten und die nach dem Analogieprinzip mit den diesen Planeten, Zeichen und Zahlen verbundenen Menschen ebenfalls in „sympathischer Beziehung" stehen.

Nach den ältesten mir bekannten Quellen okkulter Überlieferungen habe ich die folgenden Entsprechungstabellen aufgestellt, die für sämtliche neun Grundzahlen und deren zugeordnete Menschen allgemeine Krankheits- und Heilpflanzenentsprechungen aufzeigen. Ich weise aber darauf hin, daß die angeführten Heilkräuter oder gesundheitsförderlichen Vegetabilien *nicht* etwa als „verordnete" Mittel gegen die angeführten Krankheiten gelten können, sofern diese auftreten sollten. Die einzelnen Kräuter und Pflanzen können in manchen Fällen für die angeführte Krankheit wertvoll sein und sind im allgemeinen für den betreffenden Menschen stets förderlich. Indessen wird durch diese Aufstellung in keinem Falle *ärztliche* oder fachmedizinische Behandlung in Krankheitsfällen ersetzt. Das dürfte den meisten meiner Leser ohnehin selbstverständlich sein; es muß aber besonders für jene erwähnt werden, die dazu neigen, die okkulten Ratschläge blindlings anzuwenden. Wie nirgends im Leben, so gibt es auch im Okkultismus keine „Patentrezepte", wohl aber wertvolle Hinweise und oftmals Hilfen, die sich der Leser dann von Fall zu Fall selbst weitererarbeiten muß.

Die folgenden Entsprechungen schließen auch meine eigenen jahrzehntelangen Erfahrungen mit ein, denn stets war ich aufrichtig bemüht, im festen Glauben an Gott, den Schöpfer, auch die verborgenen Kräfte der Natur zu ergründen, in denen sich Gott ebenso offenbart wie in augenscheinlichen Wunderwerken großer Gottgesandter. Eine der offenkundigsten Selbstoffenbarungen Gottes aber ist die wundervolle Tatsache, daß es diese durchgängigen Entsprechungen von Zahl, Gestirn, Pflanze, Mensch und Schicksal überhaupt gibt. Diese Entsprechungen möglichst sichtbar zu machen, deren wir uns alle zum Nutzen bedienen sollen, ist eine der hohen Aufgaben des Okkultismus.

Gesundheitswinke und Heilpflanzen für die ‚Einer‘:

Die am 1., 10., 19. und 28. eines Monats Geborenen zeigen in der Mehrzahl eine Veranlagung zu Herzklopfen, zu unspezifischen oder auch ausgeprägteren Herzleiden, zu unregelmäßigem und im Alter zu hohem Blutdruck. Auch verschiedene Augenleiden, Kurzsichtigkeit und Schielen kommen bei Menschen dieser Gruppe überdurchschnittlich vor. Vorbeugende Untersuchungen auf allen diesen Sektoren sind stets anzuraten, besonders aber dann, wenn sich eines der angeführten Beschwernisse bemerkbar machen sollte.

Zuträgliche Vegetabilien für die ‚Einer‘ sind: Rosinen, Weintrauben, Kamille, Augentrost, Johanniskraut, Safran, Gewürznelke, Muskatnuß, Sauerampfer, Gurkenkraut, Enzianwurzel, Lavendel, Lorbeerblatt, Apfelsinen, Zitronen, Datteln, Thymian, Myrrhe, Eisenkraut, Ingwer, Gerste (auch in Form von Gerstenbrot), und schließlich ist auch naturreiner Bienenhonig für die ‚Einer‘ besonders zuträglich.

Gesundheitliche Veränderungen im positiven oder negativen Sinne treten bei Menschen dieser Gruppe bevorzugt im 19., 28., 37., 46. und 55. Lebensjahr auf.

Besondere Vorsicht vor Überanstrengungen und sorgsamste Beobachtung etwaiger Gesundheitsstörungen sind in den Monaten Januar, Oktober und Dezember empfohlen.

Gesundheitswinke und Heilpflanzen für die ‚Zweier‘:

Die am 2., 11., 20. und 29. eines Monats Geborenen neigen in der Mehrzahl zu inneren Erkrankungen und Verdauungsstörungen. Darmleiden und Magenleiden, Geschwüre, Tumore und Anfälligkeiten des gesamten Stoffwechselsystems kommen bei den ‚Zweiern‘ besonders häufig vor.

Zuträgliche Vegetabilien für die ‚Zweier‘ sind: Gartenlattich, Salate, sämtliche Kohlsorten, Steckrübe, Gurke, Melone, Chicorée, Raps, Leinsamen, Wasserwegerich und die Holzkohle der Weide oder Schwarzpappel.

Gesundheitliche Veränderungen im positiven oder negativen Sinne treten bei Menschen dieser Gruppe bevorzugt im 20., 25., 29., 43., 47., 52. und 65. Lebensjahr auf.

Besondere Vorsicht hinsichtlich etwaiger Gesundheitsstörungen ist in den Monaten Januar, Februar und Juli geboten.

Gesundheitswinke und Heilpflanzen für die ‚Dreier‘:

Die am 3., 12., 21. und 30. eines Monats geborenen Menschen leiden oft an überreizten Nerven und Erschöpfungszuständen. Die ‚Dreier‘ neigen dazu, ihre Körperkräfte zu sehr zu beanspruchen, sich zuviel aufzubürden und die notwendige Erholung zu verschmähen. Die Veranlagung zu Nervenentzündungen, zu Ischias und zu Hautleiden sowie allen nervös, „neurasthenisch“, bedingten Symptomen liegt hier ebenfalls vor.

Zuträgliche Vegetabilien für die ‚Dreier‘ sind: rote Rüben (rote Beeten), Gurkenkraut, Heidelbeeren, Spargel, Löwenzahn, Endivie, Wegwarte, Lungenkraut, Salbei, Berberitze, Kirschen, Erdbeeren, Äpfel, Maulbeeren, Pfirsiche, Oliven, Rhabarber, Stachelbeeren, Grantäpfel, Ananas, Weintrauben, Pfefferminze, Safran, Muskatnuß, Gewürznelke, Majoran, Johanniskraut, Mandeln, Feigen, Haselnüsse und Weizen.

Gesundheitliche Veränderungen im positiven und negativen Sinne treten bei Menschen dieser Gruppe bevorzugt im 12., 21., 39., 48. und 57. Lebensjahr auf.

Besondere Vorsicht hinsichtlich etwaiger Gesundheitsstörungen ist in den Monaten Februar, Juni, September und Dezember geboten.

Gesundheitswinke und Heilpflanzen für die ‚Vierer':

Die am 4., 13., 22. und 31. eines Monats Geborenen leiden sehr häufig an Beschwerden, deren Diagnose schwierig wird. Melancholie, Gemütsstörungen, Bleichsucht, Kopf- und Rückenschmerzen sowie Erkrankungen der Stoffwechselorgane (besonders Blase und Niere) kommen überdurchschnittlich vor, obwohl diese Symptome deshalb nicht „absolut häufig" vorzukommen brauchen!

Zuträgliche Vegetabilien für die ‚Vierer' sind: Spinat, Salbei, Schöllkraut, Wintergrün (= Pirola minor), Mispeln, isländisches Moos und Weißwurz.

Elektrische Behandlungen sowie Höhensonnenbestrahlungen sind für viele ‚Vierer' besonders zuträglich, und auch hypnotische und magnetische Behandlungen muß man als bevorzugt wirksam ansehen.

Starke Gewürze, Spirituosen, betäubende Medikamente und rohes Fleisch („Gehacktes") sind von jenen Menschen dieser Gruppe möglichst zu meiden, die an oben angeführten Symptomen leiden.

Gesundheitliche Veränderungen im positiven oder negativen Sinne treten bei den ‚Vierern' bevorzugt im 13., 22., 31., 40., 49. und 58. Lebensjahr auf.

Besondere Vorsicht hinsichtlich etwaiger Gesundheitsstörungen ist in den Monaten Januar, Februar, Juli, August und September geboten.

Gesundheitswinke und Heilpflanzen für die ‚Fünfer':

Die am 5., 14. und 23. eines Monats Geborenen neigen besonders zu geistiger Überanstrengung, und Nervenleiden wie Zuckungen, Schlaflosigkeit, Nervenentzündung, Teillähmungen kommen vor. Die Menschen dieser Zahlengruppe bedürfen besonders intensiver und häufiger Erholung. Sie sollen geistige und körperliche Entspannung suchen und viel schlafen, wenn es möglich ist.

Zuträgliche Vegetabilien für die ‚Fünfer' sind: Möhren, Karotten, Hafer in Form von Grütze oder Brot, Petersilie, Majoran, gute Speisepilze (besonders Champignon), Thymian und Nüsse (vor allem Haselnüsse und Walnüsse).

Gesundheitliche Veränderungen im positiven oder negativen Sinne treten bei Menschen dieser Gruppe bevorzugt im 14., 23., 41. und 50. Lebensjahr auf.

Besondere Vorsicht hinsichtlich etwaiger Gesundheitsstörungen ist in den Monaten Juni, September und Dezember geboten.

Gesundheitswinke und Heilpflanzen für die ‚Sechser':

Die am 6., 15. und 24. eines Monats Geborenen neigen zu Erkältungen, Halsentzündung und zu Krankheiten der oberen Luftwege im allgemeinen. Im übrigen aber sind die meisten Menschen dieser Gruppe sehr kräftig und widerstandsfähig und können viel zur Erhaltung ihrer Gesundheit beitragen, wenn sie sich möglichst in reiner Wald- oder Landluft bewegen. Die Frauen dieser Gruppe neigen oft zu Brustleiden, doch auch der Unterleib kann angegriffen werden. Schwache Herztätigkeit und Kreislaufstörungen sind die Hauptsymptome der meisten Älteren der ‚Sechser'.

Zuträgliche Vegetabilien für die ‚Sechser': sämtliche Bohnensorten, Möhren, Spinat, Kürbisse, Pfefferminze, Melonen, Granatäpfel, Pfirsiche, Aprikosen, Äpfel, Feigen, Walnüsse, Mandeln, Farnkrautsaft, wilder Thymian, Veilchen-, Rosen- und Eisenkrautblätter.

Gesundheitliche Veränderungen im positiven oder negativen Sinne treten bei Menschen dieser Gruppe bevorzugt im 15., 24., 42., 51. und 60. Lebensjahr auf.

Besondere Vorsicht hinsichtlich etwaiger Gesundheitsstörungen ist in den Monaten Mai, Oktober und November geboten.

Gesundheitswinke und Heilpflanzen für die ‚Siebener‘:

Die am 7., 16. und 25. eines Monats geborenen Menschen ertragen zumeist die Sorgen des Alltags weniger leicht als die anderen; solange Harmonie und Frieden herrschen, vermögen diese Menschen außerordentlich leistungsfähig zu sein. Werden sie aber durch Reibereien des täglichen Lebens zu sehr beeindruckt, neigen sie dazu, die Probleme des Daseins „aufzubauschen" und sich die Vorstellung von deren Unüberwindlichkeit zu machen. Manche Menschen dieser Gruppe werden deshalb auch leicht mutlos, nervös und gereizt.

Trotz ihrer im allgemeinen bestehenden ausgeprägten Empfindlichkeit und Empfindsamkeit sind die ‚Siebener‘ dankbar und hilfsbereit, und zwar besonders jenem Menschen gegenüber, der ihnen selbst Dankbarkeit und Anerkennung bezeigt. Pflichttreue ist eine der hervorstechenden guten Charaktereigenschaften der ‚Siebener‘; doch muten sie sich auch oft zuviel zu, und sie haben dann an den so zahlreichen neurasthenischen Symptomen, Überempfindlichkeiten und sogenannten allgemeinen Unpäßlichkeiten zu leiden.

Zuträgliche Vegetabilien für die ‚Siebener‘ sind: Lattich und Salate, sämtliche Kohlarten, Endivie, Gurke, Leinsamen, Champignons und andere edle Pilze, Sauerampfer, Äpfel, Weintrauben und gute Fruchtsäfte aller Sorten.

Gesundheitliche Veränderungen im positiven oder negativen Sinne treten bei Menschen dieser Gruppe bevorzugt im 7., 16., 25., 34., 43., 52. und 61. Lebensjahr auf.

Besondere Vorsicht hinsichtlich etwaiger Gesundheitsstörungen ist in den Monaten Januar, Februar, Juli und August geboten.

Gesundheitswinke und Heilpflanzen für die ‚Achter':

Die am 8., 17. und 26. eines Monats Geborenen neigen im allgemeinen häufiger als die den anderen Zahlengruppen Zugehörigen zu Erkrankungen der Leber, Galle, Eingeweide und Ausscheidungsorgane.

Die ‚Achter', die Veranlagung zu heftigen Kopfschmerzen, Rheumatismus, Blutunreinheiten und Leiden der Drüsensysteme zeigen, sollten tierische Nahrungsmittel strikt meiden und möglichst nur von Früchten, Gemüsen und Kräutern bzw. pflanzlichen Nahrungsmitteln leben.

Zuträgliche Vegetabilien für die ‚Achter': Spinat, wilde Möhren, Engelwurz, Eibisch oder Stockrose, Wegerich, Salbei, Schöllkraut, Kreuzkraut, Hirtentäschel, Eisenkraut, Holunderblüten, pupurfarbener Wasserdost, Mandragora-Wurzel (Alraunwurzel) in Form des Kräuteraufgusses und Bleichsellerie.

Gesundheitliche Veränderungen im positiven oder negativen Sinne treten bei Menschen dieser Gruppe bevorzugt im 17., 26., 35., 44., 53. und 62. Lebensjahr auf.

Besondere Vorsicht hinsichtlich etwaiger Gesundheitsstörungen ist in den Monaten Januar, Februar, Juli und Dezember geboten.

Gesundheitswinke und Heilpflanzen für die ‚Neuner':

Die am 9., 18. und 27. eines Monats Geborenen neigen häufig zu fiebrigen Erkrankungen und Infektionskrankheiten, wie zum Beispiel Masern, Röteln, Windpocken oder in seltenen Fällen zu Scharlach. In Form von Attacken auftretende Infektionskrankheiten aller Art, die gleichwohl meist schnell wieder verschwinden, sind bei den Angehörigen dieser Gruppe nicht allzu selten. Ist von den ‚Neunern' bereits solche Krankheitstendenz festgestellt worden, so wird auf alle Fälle die Vermeidung schwerverdaulicher Speisen, wozu auch Fleischspeisen gehören, angeraten. Wenn alkoholische Getränke strikt gemieden werden könnten, wäre das für den übrigens auch überdurchschnittlich häufig zu Verwundungen und Unfällen neigenden ‚Neuner' nur günstig.

Zuträgliche Vegetabilien für die ‚Neuner' sind: Zwiebeln, Knoblauch und andere Laucharten, Meerrettich, Rhabarber, Senfkörner, Speerkraut (= scharfer Hahnenfuß), braune Betonie oder Zehrkraut, weiße Nießwurz, Ingwer, Pfeffer, Besenginster, Raps, Krapp (auch „Färberröte" genannt), Zwergholunder und Brennnesselsaft.

Gesundheitliche Veränderungen im positiven oder negativen Sinne treten bei Menschen dieser Gruppe bevorzugt im 9., 18., 27., 36., 45. und 63. Lebensjahr auf.

Besondere Vorsicht hinsichtlich etwaiger Gesundheitsstörungen ist in den Monaten April, Mai, Oktober und November geboten.

Sämtliche für die neun Zahlengruppen und deren zugeordnete Menschen angegebenen Vegetabilien, Gemüse, Früchte und Kräuter usw. sind in Spezial-Apotheken oder in Drogerien oder bei Kräuterhändlern bzw. in Reformhäusern fast aller Länder zu haben, denn sie gedeihen auch fast in allen Ländern. Die wichtigsten Heilkräuter und Gewürze werden importiert, soweit sie nicht im eigenen Lande wachsen. Sollte wider Erwarten dieses oder jenes Kraut nicht zu bekommen sein, so muß ich es dem geneigten Leser überlassen, sich um Beschaffung nach besten Kräften zu bemühen.

Kräuter und bewährte Pflanzen im allgemeinen sind die natürlichen Heil- und Regenerationsmittel. Kräuterkuren sind auch für den Gesunden oder scheinbar Gesunden als Vorbeugungsmaßnahme bestimmt. Sofern jedoch nicht bereits Erfahrungen und Fachkenntnisse bestehen, frage man bezüglich der etwaigen Wahl der angegebenen Kräuter auf alle Fälle den Heilpraktiker oder Arzt. Besonders gilt das für Menschen, die erkrankt sind bzw. sogar eines der Symptome aufweisen, das ihrer Zahlengruppe zugeschrieben wird. Diese Symptome wurden in diesem Kapitel aufgeführt, das vielen Lesern zu praktischem Nutzen gedeihen möge!

KAPITEL XXVI

Zahlen, Lotto und Lotterie

Verständlicherweise erhebt sich seitens vieler unserer lieben Leser
die im Zeitalter der Wetten und der Lotterien nicht unberechtigte
Frage, ob denn die okkulte Zahlenlehre auch für das in Deutschland beliebte Volksglücksspiel des Zahlenlotto und für die alte
„klassische" Lotterie zwecks Ermittlung von Gewinnchancen
und Auswahl etwaiger Gewinnzahlen anwendbar sei.

Darauf ist zu erwidern: mit *erheblichen Einschränkungen* ist
unsere Zahlenlehre für diesen Zweck tatsächlich anwendbar. Die
„erheblichen Einschränkungen" liegen ganz einfach darin, daß
erfahrungsgemäß ohnehin nur verhältnismäßig *wenige* Menschen
für Glücksspielgewinne prädestiniert sind, und *sehr wenige* Menschen sind für den „Traumgewinn" der „6 Richtigen" im deutschen Zahlenlotto oder für das „große Los" der Lotterie prädestiniert.

Die in diesem Kapitel angegebenen Richtlinien der Anwendung
der Zahlengesetze für das Zahlenlotto und die Lotterie erarbei-
tete der Korrektor dieses Buches, E. M. Körner, auf Grund der
eigentlichen Forschungen Cheiros, der lediglich in Kurzform das
Thema „Zahlen und Pferderennen" behandelt hatte. Doch für
Deutschland kann die Wiedergabe der fragmentarischen Betrach-
tungen über etwaige Gewinne beim Pferderennen (oder gar beim
nicht ungefährlichen Glücksspiel Roulette, das der Bearbeiter
gut kennt) nicht vertreten werden. Die Gewinnaussichten sind
zu vage, und überdies ist unsere Leserschaft in der weitaus überwiegenden Mehrzahl in der Lage, Zahlenlotto und Lotterie zu
spielen. Zudem können im Falle geringer Einsätze diese Spiel-
arten als vergleichsweise „solide" und damit auch, wenn man so
sagen will, moralisch vertreten werden.

Im Falle der Spielgewinnaussicht ist übrigens die Struktur des *Horoskopes* des Spielers der Zahlenlehre vorgeordnet.

Wer überhaupt keine günstigen Konstellationen in seinem Horoskop aufweist, die eine allgemeine Gewinnaussicht versprechen, dürfte in der überwiegenden Mehrzahl aller Fälle auch bei sorgsamster Anwendung der Regeln der Zahlenlehre zu keinem oder zu keinem nennenswerten Gewinn kommen. Es *empfiehlt* sich deshalb für den Spielwilligen, sein Horoskop von einem guten Astrologen erstellen zu lassen und insbesondere um Ermittlung zu bitten, ob prinzipiell Spielaussichten bestehen. Im positiven Falle können dann die nachstehend angegebenen Zahlenregeln mit größerem Erfolg angewandt werden. Andernfalls wollen wir sie als *Experiment* betrachten, an dem sich jeder freiwillig beteiligen kann, da eine gewisse Gewinnchance besteht und der geringste Einsatz im Zahlenlotto 1 DM und in der Klassenlotterie 6 DM für ein Achtellos beträgt. Aber, um es nochmals ausdrücklich zu betonen: die angegebenen Regeln sollen als Teil eines Experimentes gewertet werden, an dessen Beteiligung niemand verpflichtet ist, und für das auch keinerlei „Gewinngarantie" gegeben werden kann.

Spiel-Anweisungen am Beispiel der „Einer":

Der ,Einer', nämlich der am 1., 10., 19., 28. eines Monats geborene Mensch, spielt im *Zahlenlotto* zweckmäßig die Zahlen der ,Einerreihe', also die 1, 10, 19, 28, 37 und 46. Als weitere Reihe kann er die Zahlen spielen, die der Grundzahl seines gesamten *Namens* zugeordnet sind. Herr ,Bernd Meier' mit der *Grundzahl 8* spielt also auch die Zahlen 8, 17, 26, 35, 44 und nimmt als sechste Zahl nach freier Wahl eine der obengenannten Zahlen der ,Einerreihe' dazu, sofern er an einem der Zahl 1 zugeordneten Tage geboren ist! Umgekehrt kann der ,Achter' als sechste Zahl eine aus der Reihe seiner Geburtstagszahl wählen.

Als *Spieltage* kommen am besten wiederum die der Zahl 1 zugeordneten Tage für die ,Einer' in Frage, sofern sie auf einen

Sonntag fallen. In zweiter Linie kann man auch an den der Namenszahl zugehörigen Spieltagen bzw. für diese spielen.

In der *Lotterie* wählt der ‚Einer‘ entweder ein Los mit der Quersumme, die der Einerreihe zugehört (z. B. 15094 = Quersumme 19 = Grundzahl 1!) oder aber ein Los mit zwei Endziffern, die der 1 zugehören (z. B. Nr. 28928 = Endziffer 28 = 1; oder Nr. 147873 = Endziffer 73 = 1).

Man kann auch, soweit vorhanden, ein Los mit einer Nummer wählen, deren *Gesamtquersumme* mit der Quersumme der beiden *letzten Ziffern* identisch ist, wenn man auf eine Grundzahl reduziert. Selbstverständlich wählt man jene Grundzahl, die der eigenen entspricht. Als ‚Einer‘ mag man beispielsweise ein Los mit der Nummer 105319 oder 105391 spielen, denn die Quersumme dieser Zahlen ist 19 = 1, während die beiden Endziffern in jedem der beiden Fälle 10 = 1 als Quersumme ergeben. Auch der *Erwerb* eines Loses sollte möglichst an einem mit der eigenen Geburtstagszahl in Einklang stehenden Tagesdatum vorgenommen werden. Die entsprechenden Tage für jede der neun Zahlengruppen kennen wir nun schon zur Genüge, so daß wir diese nicht stets zu wiederholen brauchen.

Dieses einfache Prinzip der Zahlenauswahl gilt für *jeden* Menschen. Wie wir schnell feststellen, gibt es für die Zahlenreihen 5 bis 9 allerdings nur je 5 zugeordnete Zahlen, soweit sie 49 nicht übersteigen. Für das beliebteste deutsche Volksglücksspiel, das „Zahlenlotto 6 aus 49“, haben wir indessen 6 Lottozahlen pro Reihe einzusetzen. Überdies kommt es ja vor, daß die Geburtstagszahl und Namenszahl eines Spielinteressenten identisch ist, so daß dieser überhaupt keine zwei Lottoreihen auffinden kann.

Schließlich mag der erfahrene Lottospieler die berechtigte Einwendung machen, daß allzu viele Menschen das Experiment mit den gleichen Standardreihen machen könnten und so im Falle von Gewinnen die Quote empfindlich verringert werde. Um diesen Einwendungen zu begegnen, wird auch vorgeschlagen, zwei oder mehrere Zahlen der nach der Standardregel ermittelten

Reihe durch solche Zahlen zu ersetzen oder zu ergänzen, die man als „Lieblingszahlen" empfindet. Wer als „Fünfer" beispielsweise die Reihe 5–14–23–32–41 tippen müßte, kann auch die Reihe 5–14–23–27–38–49 als erste, und, sofern er auch noch eine 5 in der Namenszahl hat und sowieso Ergänzungen und Ersetzungen vornehmen muß, tippt er z. B. als zweite Reihe: 5–23–32–37–41–48. Auf diese Weise erhält er sowohl zwei vollständige Sechserreihen als auch zwei durch individuelle „Lieblingszahlen" ergänzte Reihen. Dieses „System" lediglich an Sonntagen zu spielen, deren Tagesdatum mit der eigenen Geburtstagszahl übereinstimmt, sollte man sich zur Regel machen. Die ganze Methode soll als Experiment dienen, ist aber nach Cheiros System ausgerichtet. Entscheidend ist jedoch, wie bereits erwähnt, ob das Horoskop des Spielers überhaupt Gewinntendenzen aufzeigt!

KAPITEL XXVII

Zahlen und günstige Ortschaften

In diesem Kapitel unterbreite ich den Zusammenhang unseres Zahlensystems zu den *Namen* der *Ortschaften*.

Diese Anweisungen und Tabellen werden für alle jene Leser besonders wertvoll sein, die ihren Wohnort oder auch den Ort ihres Arbeitsplatzes für wenig günstig und anscheinend sogar für „unglückbringend" halten und die sich einfach an ihrem Wohnort nicht wohl fühlen und einleben können. Unsere Zahlenlehre hilft dieser Menschengruppe, sich bei der Auswahl eines neuen Wohnortes bzw. auch bei Bewerbungen an Arbeitsplätzen fremder Orte nach einem bestimmten Leitfaden zu richten, eine Ortschaft mit günstigeren Möglichkeiten bzw. einer günstigeren „Ausstrahlung" für sich selbst zu finden.

Wie die Namen der Wohnorte in Zahlen umgewandelt werden, bedarf eigentlich keiner Erläuterung mehr; denn der aufmerksame Leser vermag diese Umrechnungen nunmehr gewiß schon „automatisch" zu bewerkstelligen.

Geben wir dennoch ein Beispiel: der Stadtname *New York* wird wie folgt in Zahlen umgewandelt, wobei die bekannte Umrechnungstabelle als Grundlage benutzt wird.

New York
5 5 6 1 7 2 2 = Summe 28 = Summe 10 = Grundzahl 1.

Die zusammengesetzte Zahl wird also auf die Grundzahl 1 reduziert. Diese Grundzahl ist also der Stadt New York zugeordnet. Daraus folgt weiter, daß alle Menschen, deren Geburtstagszahl oder Namenszahl oder jeweils beide Zahlen die 1 ist, zu der Stadt New York „passen".

Nach dieser Methode kann also jede Ortschaft, jede Stadt, jedes Dorf und in zweiter Linie auch jeder Vorort, jede Haus-, Hof- und Gemarkungsbezeichnung usw. in Zahlen umgesetzt werden.

Für die ‚Einer‘ sind in erster Linie die der Zahl 1 zugeordneten Ortschaften günstig. In zweiter Linie gelten die den Zahlen 2, 4 und 7 zugeordneten Ortschaften als günstig.
Einige wenige Beispiele von Orten, die der 1 zugeordnet sind: *Bonn – Goslar – Landsberg – Lüneburg – New York – Oldenburg – Saarbrücken – Weimar.*

Für die ‚Zweier‘ sind in erster Linie die der Zahl 2 zugeordneten Ortschaften günstig. In zweiter Linie gelten die den Zahlen 1, 4 und 7 zugeordneten Ortschaften als günstig.
Einige wenige Beispiele von Orten, die der 2 zugeordnet sind: *Aachen – Athen – Frankfurt – Freiburg – Hof – Innsbruck – Karlsruhe – Kiel – Lindau – München – Zürich.*

Für die ‚Dreier‘ sind in erster Linie die der Zahl 3 zugeordneten Ortschaften günstig. In zweiter Linie gelten die den Zahlen 6 und 9 zugeordneten Ortschaften als günstig.
Einige wenige Beispiele von Orten, die der 3 zugeordnet sind: *Essen – Genf – Magdeburg – Nürnberg – Reutlingen – York.*

Für die ‚Vierer‘ sind in erster Linie die der Zahl 4 zugeordneten Ortschaften günstig. In zweiter Linie gelten die den Zahlen 1, 2 und 7 zugeordneten Ortschaften als günstig.
Einige wenige Beispiele von Orten, die der 4 zugeordnet sind: *Fulda – Graz – Köln – London – Passau – Stuttgart – Ulm – Washington – Worms.*

Für die ‚Fünfer‘ sind in erster Linie die der Zahl 5 zugeordneten Ortschaften günstig. In zweiter Linie gelten sämtliche anderen Orte, zu denen sich der ‚Fünfer‘ hingezogen fühlt, als günstig.
Einige wenige Beispiele von Orten, die der 5 zugeordnet sind: *Basel – Bern – Bremen – Hamburg – Hameln – Trier – Villingen – Wiesbaden.*

Für die ‚Sechser' sind in erster Linie die der Zahl 6 zugeordneten Ortschaften günstig. In zweiter Linie gelten die den Zahlen 3 und 9 zugeordneten Ortschaften als günstig.

Einige wenige Beispiele von Orten, die der 6 zugeordnet sind: *Braunschweig – Budapest – Freudenstadt – Glücksburg – Herford – Paris – Überlingen – Wolfsburg.*

Für die ‚Siebener' sind in erster Linie die der Zahl 7 zugeordneten Ortschaften günstig. In zweiter Linie gelten die den Zahlen 1, 2 und 4 zugeordneten Ortschaften als günstig.

Einige wenige Beispiele von Orten, die der 7 zugeordnet sind: *Baden-Baden – Hollywood – Konstanz – Linz – Neuenahr – Remagen – Wuppertal.*

Für die ‚Achter' sind im allgemeinen die der Zahl 8 zugeordneten Ortschaften günstig. In zweiter Linie, und zwar besonders dann, wenn sich herausstellen sollte, daß die der 8 zugeordneten Ortschaften nicht als besonders förderlich empfunden werden, bevorzuge man die den Zahlen 1, 3, 5 und 6 zugeordneten Ortschaften. Auch die der Zahl 9 zugeordneten Ortschaften kommen zuweilen in Betracht.

Einige wenige Beispiele von Orten, die der 8 zugeordnet sind: *Augsburg – Heidelberg – Heilbronn – Kassel – Lübeck – Münster – Offenbach – Unna – Wien.*

Für die ‚Neuner' sind in erster Linie die der Zahl 9 zugeordneten Ortschaften günstig. In zweiter Linie gelten die den Zahlen 3 und 6 zugeordneten Ortschaften als günstig.

Einige wenige Beispiele von Orten, die der 9 zugeordnet sind: *Berlin – Bielefeld – Dortmund – Düsseldorf – Hannover – Hildesheim – Osnabrück – Regensburg – Salzburg – Tübingen.*

Die in diesem Kapitel angegebene Methode der Auswahl eines zahlenmagisch günstigen Wohnortes bzw. auch des Sitzes der eigenen Firma oder des Betriebs, in dem man angestellt ist, läßt sich von jedermann leicht anwenden. Selbstverständlich beziehen sich die Wohn- und Berufsortschaften mehr auf das allgemeine Geschick, während persönliche Zusammenhänge nach wie vor in erster Linie aus Geburtstags- und Namenszahl ableitbar sind!

KAPITEL XXVIII

Die Zahlen der drei USA-Präsidenten Washington, Lincoln und Th. Roosevelt

Am Beispiele dreier berühmter und allgemein bekannter amerikanischer Präsidenten werde ich nun die bisher erlernten und bei meinen Lesern hoffentlich zu festem Wissensgut gewordenen Regeln der okkulten Zahlenlehre demonstrieren.

Ich beginne mit dem wohl berühmtesten, nämlich dem ersten Präsidenten der Vereinigten Staaten von Amerika, *George Washington.*

Der Name *George* ergibt nach unserer Umrechnungstabelle die zusammengesetzte Zahl 25 und die Grundzahl 7.

Der Name *Washington* ergibt die zusammengesetzte Zahl 40 und die Grundzahl 4.

Die Gesamtnamenszahl ist 11 (aus 7 + 4) bzw. reduziert = 2.

Die zusammengesetzte Zahl 25 (des Vornamens „George") kündet „innere Stärke" an, wie wir in unserer Tabelle der zusammengesetzten Zahlen im 13. Kapitel ermitteln. Wir lesen weiter: „Die eigentlichen geistigen Kräfte müssen jedoch erst durch lange Erfahrung und Menschenkenntnis erworben und zur rechten Entfaltung gebracht werden. Die mit dieser Zahl verknüpften Menschen haben in jüngeren Jahren meist viele Schwierigkeiten und Anfechtungen zu überwinden und kommen erst in reiferen Jahren zu größeren Erfolgen."

Die zusammengesetzte Zahl 40 (des Familiennamens „Washington") hat etwa dieselbe Bedeutung wie die Zahl 31 und deutet vor allem Selbstgenügsamkeit an. Die an sich angezeigten „untergeordneten Stellungen" werden durch die sehr positiven Entsprechungen der Zahl 25 weitgehendst in *positive* Verzichtleistung umgewertet, woraus dann eben durch Selbstgenügsamkeit die spätere übergeordnete Stellung erwächst, die gerade George Washington aber stets als *höchsten Dienst* empfunden und erfüllt hat.

Diese Zahlenentsprechungen finden ihre Bestätigung durch Washingtons freiwilligen Verzicht als Oberbefehlshaber des siegreichen amerikanischen Heeres. „Mit einem von Liebe und Dankbarkeit erfüllten Herzen nehme ich jetzt von Ihnen Abschied", sagte er zu seinen Generalen, als er diese zum letzten Male zusammenrief.

Und zum Kongreßvorsitzenden sagte er: „Weil Ereignisse stattfanden, die mich zur Aufgabe meines Amtes führten, gestatte ich mir, das mir bisher erwiesene Vertrauen an den Kongreß und an Sie zu übertragen. Mit Ihrer Einwilligung werde ich mich von meinem Dienst für dieses mir anvertraut gewesene Land zurückziehen und mich, nachdem der mir aufgegebene Dienst nun geleistet wurde, hiermit von Ihnen verabschieden."

Dieser hervorragende Staatsmann, der mit Recht als „Vater der Vereinigten Staaten" bezeichnet wird, nahm auch das ihm zustehende Ruhegehalt für seine langjährigen Dienste nicht an. Seine letzten Lebensjahre verbrachte er in stiller Zurückgezogenheit in seinem Heim zu Mount Vernon.

Die Grundzahlen des Namens George Washington sind ebenfalls ein besonders gutes Beispiel für das Prinzip der Wirkungsentsprechungen zwischen Zahl und Name.

Die zusammengesetzte Zahl des Gesamtnamens des Präsidenten ist die 11. Diese steht symbolisch für „verborgene Gefahren, für Verrat und unheimliche Situationen", und eine „geballte Faust" oder ein „gefesselter Löwe" sind die eigentümlichen Sinnbilder dieser Zahl. Die darauffolgende der 2 zugehörige zusammengesetzte Zahl ist die 20, die gleichsam als höhere okkulte Stufe mit zur Deutung der Persönlichkeit des Präsidenten herangezogen werden kann. Diese Zahl kündet vom „Erwachen zum Neubeginn", und „der Ruf zur Tat" ist unüberhörbar mit dieser

Zahl verknüpft. Alle diese Deutungen treffen auf George Washington in besonderem Maße zu.

Nun harmonieren die Namens- und Geburtstagszahlen Washingtons außerordentlich hervorragend. Die beiden Grundzahlen seines Vor- und Familiennamens, nämlich 7 und 4, und die Grundzahl seines Gesamtnamens, nämlich 2, stehen untereinander in guter Verbindung, denn die Zahlen 1–4 und 2–4 korrespondieren miteinander, wie wir uns erinnern.

Der Geburtstag dieses großen Präsidenten wird am 22. Februar gefeiert, und obwohl einige nach einer alten Berechnungsart den 11. Februar als Washingtons Geburtstag ansetzen wollen, so ist doch in beiden Fällen eine harmonische Verbindung zu den Namenszahlen dieses Mannes gegeben, denn sowohl die 4 als auch die 2 sind in seinem Namen verankert. *Übereinstimmungen* von Geburtstags- und Namenszahlen aber deuten stets auf harmonische, erfolgreiche oder wesentliche Charaktere und Lebensbahnen hin, die zumindest innerhalb ihres vorgesteckten Rahmens harmonisch, erfolgreich oder wesentlich sind. Da Präsident Washington aber von Natur aus zum Bedeutsamen hin veranlagt war, kommt seinen harmonischen Zahlenentsprechungen eine desto intensivere Bedeutung zu.

Als weiteren Präsidenten wählen wir *Abraham Lincoln,* um an seinem Beispiel die Brauchbarkeit unserer Zahlenlehre zu demonstrieren.

Abraham Lincoln wurde am 12. Februar 1809 geboren und starb am 15. April 1865, einen Tag nach der Verübung des Attentats auf ihn.

Der Vorname *Abraham* ergibt die zusammengesetzte Zahl 16 und die Grundzahl 7. Der Familienname *Lincoln* ergibt die zusammengesetzte Zahl 27 und die Grundzahl 9. Die Gesamtnamenszahl ist die Summe aus 7 und 9, nämlich die zusammengesetzte Zahl 16 und die Grundzahl 7.

Die Geburtstagszahl 3 (denn der auf den 12. Februar fallende Geburtstag dieses Präsidenten wird der Zahl 3 zugeordnet!) Lincolns steht in keiner Beziehung zur Namenszahl 7!

Die Grundzahl 3 ist als symbolisch dem Planeten Jupiter zugeordnete Zahl aber eine „machtvolle", Energie, Ehrgeiz und Herrschertum ankündigende Potenz. Die sogenannten ‚Dreier' sind außerordentlich ehrgeizig und strebsam, und eine untergeordnete Stelle wird sie auf die Dauer nicht befriedigen, obwohl sie sich im allgemeinen trotzdem den Bestimmungen ihrer Vorgesetzten und Vorgeordneten fügen, da ihr Sinn für Zucht und Ordnung ausgeprägt ist. Die ‚Dreier' verfügen fast stets über die Ausdauer und das Zielbewußtsein, innerhalb ihrer Berufsmöglichkeiten eine besondere Stellung zu erklimmen. Vielen der Menschen, die der Zahl 3 zugeordnet sind, wird ein Amt anvertraut, das hohe Verantwortung erheischt, und tatsächlich sind die ‚Dreier' im allgemeinen auch sehr pflichtgetreu.

Die Grundzahl des Gesamtnamens „Abraham Lincoln" ist die 7. Die Wirkungsentsprechung dieser Zahl ist, wie auch aus den Anfangskapiteln hervorgeht, überwiegend milder und schwächer. Die ‚Siebener' sind oft genial, besitzen ein unbändiges Unabhängigkeitsstreben und neigen überwiegend zu echter philosophischer Betrachtungsweise, die auch früher oder später einen unverkennbaren Einfluß auf ihre Handlungsweise ausübt.

Wer sich die weitgehend bekannten Wesenseigentümlichkeiten des Abraham Lincoln wieder ins Gedächtnis ruft, wird zu der Überzeugung kommen, daß die bisher erörterten Zahlenentsprechungen wirklich treffend sind.

Wenden wir uns nun aber noch der geheimnisvollen Symbolik der zusammengesetzten Zahlen im Falle des Präsidenten Lincoln zu. Wir addieren die Geburtstagszahl 3 des Präsidenten zu seiner Namenszahl 7 und erhalten die zusammengesetzte Zahl 10, die durch das sogenannte „Glücksrad" symbolisiert wird. Die Zahl 10 kündet Anerkennung, hohe Ehren und Selbstvertrauen an. Aber auch Abstieg und Fall birgt diese Zahl als symbolische Schicksalsmöglichkeiten. Die Zahl 10 kann vor allem in jenem Sinne glückbringend wirken, indem eigenständige Pläne erfolgreich realisiert werden.

Die zusammengesetzte Geburtstagszahl, die wir als weiteren Indikator okkulter Einflüsse auf den Lebensweg dieses Präsidenten heranziehen können, kündet uns eine Symbolik des „Leides und der seelischen Beunruhigung". Das der Zahl 12 zugeschriebene Symbol ist auch „der Geopferte" oder „das Opfer". Arglist und Intrigen und die Möglichkeit, bösartigen Plänen zum Opfer zu fallen, sind in dieser Zahl symbolisch beschlossen.

Die gleich zweimal im Namen und im Geburtsdatum Lincolns erscheinende Zahl 16 hat das berüchtigte Symbol des „vom Blitz getroffenen Turmes, von dem ein gekrönter Mann herabstürzt". Die Warnung vor der Möglichkeit düsterer Verhängnisse ist stets mit dieser Zahl verbunden.

Tatsächlich wurde Präsident Abraham Lincoln durch einen heimtückischen Attentäter ermordet, so daß leider in seinem Falle die ungünstigste Deutung der erwähnten zusammengesetzten Zahlen Wirklichkeit wurde.

Lincoln war der 16. Präsident der Vereinigten Staaten von Amerika. Auch diese Zahl mit der Grundzahl (Quersumme) 7 befindet sich nicht in harmonischer Übereinstimmung mit seiner Geburtstagszahl 3.

Theodore Roosevelt war der 26. Präsident der Vereinigten Staaten. Er wurde am 27. Oktober 1858 geboren und starb am 6. Januar 1919.

Der Vorname Theodore ergibt die zusammengesetzten Zahlen 39 und 12 (die letztere als Quersumme der ersteren!) und die Grundzahl 3. Der Familienname Roosevelt ergibt die zusammengesetzte Zahl 42 und die Grundzahl 6. Die Grundzahl seines Gesamtnamens ist demnach die 9.

Bei diesem Präsidenten war also die Zahl 9 gleich dreimal entscheidend vertreten. Seine Namenszahl und seine Geburtstagszahl (27 wird der 9 zugeordnet) ist die 9, und schließlich wird auch noch der Tierkreisabschnitt seiner Geburt der Zahl 9 bzw. dem Planeten Mars zugeordnet. Roosevelt ist im Tierkreiszeichen des „Skorpion" geboren, wie wir im ersten Kapitel dieses Buches feststellen können.

Zuerst wurde Theodore Roosevelt auf den Posten des Vizepräsidenten der Vereinigten Staaten geschoben, um seine Präsidentschaft zu verhindern. Doch sein Schicksal war anders bestimmt. Nach der Ermordung von William Mac Kinley am 14. Oktober 1901 wurde das höchste Amt der Vereinigten Staaten, die Präsidentschaft, für Roosevelt frei.

Nun sind Persönlichkeiten in höchster öffentlicher Stellung, sofern sie den Mars bzw. dessen zugeordnete Zahl 9 in besonders exponierter Lage haben, also unter der „Herrschaft" dieser Symbole stehen, fast stets Angriffen auf ihr Leben ausgesetzt. Davon machte auch Präsident Th. Roosevelt keine Ausnahme. Am 14. Oktober 1912 wurde er durch den Attentatsversuch eines Anarchisten schwer verletzt.

Man lese im 11. Kapitel meine Deutungen der Zahl 9, und wohl jeder Leser wird der Ansicht sein, daß die dieser Zahl zugeschriebenen symbolischen Wirkungen treffend für Wesen und Geschick dieses amerikanischen Präsidenten, Theodore Roosevelt, sind.

‚Neuner' haben es in jungen Jahren oft schwer, kommen aber in reiferen Jahren meist zu beachtlichen Stellungen, die sie sich, von starker Willens- und Durchsetzungskraft geleitet, zäh erkämpfen. Es handelt sich um temperamentvolle, lebensbejahende, impulsive und strebsame Menschen.

An einem der 9 zugehörigen Tage geboren zu sein, kann besonderes Glück bedeuten, wenn der betreffende Mensch die hohe Tugend der Selbstzucht meisterhaft beherrscht. Dann wird er einflußreiche, geachtete und vor allem sittlich und ethisch wertvolle Aufgaben erhalten. So heißt es weiter im Kapitel über die Zahl 9.

Da aus dem Namen dieses Präsidenten keine zusammengesetzte Zahl entsteht, addieren wir zu seiner Gesamtnamenszahl 9 seine Geburtstagszahl 9 und erhalten die 18, die wir als zusammengesetzte Zahl zur Deutung dieses Mannes heranziehen können.

Die Zahl 18 aber ist wiederum „kämpferisch betont". Der Materialismus als Hemmfaktor kann hier eine Rolle spielen; aber auch Gewinnung von Vorteilen oder Vermögen im Kriege oder durch Kriege und revolutionäre Geschehnisse hängen mit dieser Zahl zusammen.

Doch da Präsident Theodore Roosevelt ein ethisch einwandfreier Mensch war, können die unethischen bzw. moralisch negativen Deutungsaspekte der Zahl 18 für ihn nicht angewandt werden. Zwar hat er sich in der Zeit des spanisch-amerikanischen Krieges seine Stellung geschaffen, jedoch keine eigentlichen finanziellen Gewinne dadurch erzielt, war er doch ein *dienender* Mensch im *höheren* Sinne. Daß er durch kriegerische Zusammenhänge einen guten Namen erwarb, stimmt indessen. Denn zur Zeit jenes besagten Krieges war er als Organisator und Befehlshaber der bekannten „Rauhreitertruppe" zunächst in den Vereinigten Staaten von Amerika weitgehend populär und wurde durch den gleichen Anlaß ebenfalls weltbekannt.

Ich habe zweimal die Ehre gehabt, mit diesem wirklich bedeutenden und sehr begabten und ethisch geprägten Manne *persönlich zu sprechen*. Damals sagte mir Theodore Roosevelt rundweg heraus, daß er nicht an Prophezeiungen irgendwelcher Art glaube und von diesem Gebiet prinzipiell nichts wissen wolle. Einige Jahre später jedoch, als meine genaue Voraussage des Todeszeitpunkts des Majors John A. Logan in Erfüllung gegangen war, gestand mir der Präsident, daß er durch diese meine eingetroffene Voraussage nunmehr *positiv von der Prophetie* und vom geheimnisvollen, nichtsdestoweniger aber wohlgeordneten Walten des Schicksals denke!

KAPITEL XXIX

Zahlenmagische Deutung einiger bekannter Deutscher

Die zahlenmagische Deutung einiger bekannter deutscher, zum
Teil zeitgenössischer Personen nach dem Cheiro-System soll uns
die weitere Überzeugung von der praktischen Brauchbarkeit der
Methode erbringen. Wie alle okkulten Deutungsmethoden, so
erheischt auch die in diesem Buche vorgelegte die hohe Kunst der
Kombination und Synthese der verschiedenen Deutungselemente.
Indessen gehört das Cheiro-System zu den verhältnismäßig sehr
einfachen Methoden des weiten Gebietes okkulter Disziplinen,
und seine Anwendung setzt keine jahre- oder jahrzehntelange
Erfahrung und weitgehende Fachkenntnisse voraus, wie das zum
Beispiel bei der Astrologie der Fall ist. Dafür darf man selbstverständlich von einer zahlenmagischen Methode keine „unaus-
schöpflich" tiefgehenden und in jedem Falle unübertrefflich genauen Aussagen erwarten. Dennoch sind deren Resultate, wie
Cheiro bereits darlegte, *wertvoll*, *brauchbar* und *oftmals ver-
blüffend*.

Was die besagte Kunst der Kombination und Synthese anbetrifft,
so werden die Praktiker der Cheiro-Methode diese verhältnismäßig leicht erwerben, denn *einige* Übung und Erfahrung ist für
die gute Anwendung der Methode natürlich Voraussetzung.

Beispiel 1: Altbundeskanzler *Konrad Adenauer*. (Bei diesem
sowie bei anderen in der Bevölkerung gut bekannten Persönlichkeiten des öffentlichen Lebens, die weniger als Akademiker, sondern als Politiker, Künstler, Philosophen oder was auch immer
bekannt sind, werden akademische Titel *nicht* zur Ermittlung
der kabbalistischen Zahlen herangezogen. Akademische Titel
werden nur dann zur Berechnung miteinbezogen, wenn aus-

nahmsweise der Name *stets* oder doch fast stets mit dem betreffenden Titel oder Grad zusammen genannt wird.)

Der Vorname Konrad ergibt die zusammengesetzte Zahl 21 und die Grundzahl 3. Der Familienname Adenauer hat die Zahl 29 als zusammengesetzte und die Zahl 2 als Grundzahl als kabbalistische Faktoren. Adenauers Geburtstag ist der 5. Januar. Seine Gesamt-*Namenszahl* stimmt also mit seiner Geburtszahl überein, denn es handelt sich um die Zahl 5! Die ,Fünfer‘ sind äußerst vielseitig, beweglich, meist intelligent, geborene Kaufleute und manchmal Spekulanten. Rasche Auffassungsgabe und meist angeborene Menschenkenntnis zeichnen sie aus. Die meisten ,Fünfer‘ verfügen auch über Toleranz. Diese ausgesprochene ,Diplomatenzahl‘ kommt zur vollen Entfaltung ihrer guten symbolischen Wirkungsmöglichkeiten im Falle des Altbundeskanzlers, weil sich die beiden Hauptzahlen (Geburtstags- und Namenszahl) in Harmonie miteinander befinden! Die zusammengesetzte Zahl des Gesamtnamens ist die 50; sie hat etwa dieselbe Bedeutung wie die sehr förderliche zusammengesetzte Zahl 32. „Viele anregende Verbindungen zu Menschen vieler Nationen" werden der 32 zugeschrieben bzw. jenen Menschen, denen diese Zahl zugeordnet ist. Die Zukunftsaussichten für solche Menschen sind günstig, wenn die zahlreichen Chancen klug wahrgenommen werden. Alle diese Deutungen treffen sehr genau auf Konrad Adenauer zu, der es verstand, seine verhältnismäßig ausgeprägte innerliche Vielseitigkeit bei äußerlicher Konzentration und scheinbarer Einschichtigkeit zur rechten Zeit erfolgreich zu entfalten. Die dominierenden sehr guten Hauptzahlen stärken die guten Seiten der Nebenzahlen und schwächen die schlechten Seiten. Die Vornamenszahl 21 kündet „sieghaftes Überwinden eigener Schwäche" an. Das gelang Adenauer. Die negative Bedeutung seiner Familiennamenszahl 29 (Schicksalsungewißheiten, Gefahr von Enttäuschung durch unzuverlässige Freunde usw.) kam folglich (da die guten Zahlen überwiegen) fast gar nicht zur Entwicklung. Die Zahl 8 seines Geburts-Tierkreiszeichens Steinbock, dem Saturn zugeordnet, wirkte bei ihm nicht herabziehend.

Sie verstärkte lediglich die ernste, ausdauernde, nicht unbedingt fröhlicher Geselligkeit und lockerem Humor zugetane Seite seines Wesens. Als ‚Fünfer‘ gehört er also zu den härtesten Vertretern dieser Zahl.

Beispiel 2: Alt-Bundespräsident *Theodor Heuss*. Sein Vorname Theodor ergibt die zusammengesetzte Zahl 34 mit der Grundzahl 7, und sein Familienname Heuss ergibt die zusammengesetzte Zahl 22 mit der Grundzahl 4. Die zusammengesetzte Zahl des Gesamtnamens ist die 56, die nicht besonders gedeutet wird, da sie außerhalb der symbolisch wirksamen Anzahl von 52 liegt. Die Grundzahl des Gesamtnamens ist die 2 (aus $5 + 6 = 11 = 2$ oder aus $7 + 4 = 11 = 2$). Theodor Heuss wurde am 31. Januar geboren und gehört deshalb zu den ‚Vierern‘. Sämtliche wichtigen Grundzahlen (des Vornamens, des Familiennamens, des Gesamtnamens und des Geburtstages) dieses bedeutenden, inzwischen heimgegangenen Politikers, Gelehrten und Humanisten befinden sich untereinander in *verwandtschaftlicher* Beziehung, kabbalistisch gesprochen. Wie wir wissen, bilden die Zahlen 1, 2, 4 und 7 einen inneren Zusammenhang, obwohl der mehr direkte Zusammenhang zwischen den Zahlen 1 und 4 sowie 2 und 7 gegeben ist. Aber auch der indirekte Zusammenhang, den wir in den Zahlen des Alt-Präsidenten Heuss erkennen, wirkt weitgehend *förderlich* im Sinne der Stärkung vorhandener positiver und Schwächung etwaiger negativer Wesens- und Schicksalstendenzen.

Im Falle des früheren Bundespräsidenten, Philosophen und Professors Theodor Heuss können wir also vor allem die *guten* Aspekte der Zahl 4 zur Deutung heranziehen. „Eigenwillige Weltanschauungen, Künstlernaturen und Kämpfer im positiven Sinne, als soziale und religiöse Neuerer usw.“ finden wir unter den ‚Vierern‘. Der ‚Vierer‘ „ist mehr der Grübler und Problematiker in der menschlichen Gemeinschaft und zeichnet sich auf der anderen Seite auch durch gewissen Schwung und schlagfertigen Witz aus“. Diese Eigenschaften, mit einer besonderen Betonung des Tiefgründigen und Grüblerischen (in einem der Zahl 8 zugeordneten Tierkreiszeichen, Wassermann, geboren), finden wir bei Heuss, in dessen Jugend das politisch - sozialistisch-humanistische Kämpferprinzip noch aktiver hervorgetreten ist, während er im Alter nicht minder fruchtbar aus ruhiger Reife heraus wirkte. Seine Namenszahl 2, die symbolisch dem Mond zugeordnet wird, kennzeichnet wiederum seine künstlerische Begabung und rege Phantasie, seine idealistische und romantische Neigung im positiven Sinne und seine Bemühung um Geduld und Ausdauer.

Die zusammengesetzten Zahlen des Vor- und Familiennamens dieses Präsidenten haben nur sekundäre Bedeutung bzw. die negativen Aspekte dieser Zahlen werden infolge des entscheidend positiven Gefüges seiner Gesamtzahlen bedeutungslos. Die Zahl 25 kündet dennoch innere Stärke an, während die 22 in seinem Falle weniger als „Warnzahl" zu werten ist, sondern die mit dieser Zahl verbundene symbolische Bedeutung der „ausgenutzten Gutmütigkeit" muß hier kraft des hohen Geistes dieses Mannes in einer höheren Stufe als *bewußte Güte* und *hohe Ethik* „übersetzt" werden. Denn genau diese Deutung wird Theodor Heuss gerecht.

Beispiel 3: Gegenwärtiger deutscher Bundeskanzler *Ludwig Erhard* (1964).

Die zusammengesetzte Zahl seines Vornamens ist die 23 mit der Grundzahl 5 und diejenige seines Familiennamens ist die 19 mit der Grundzahl 1. Als Gesamtnamenszahl ergibt sich für den Bundeskanzler die zusammengesetzte Zahl 42 mit der Grundzahl 6.

Ludwig Erhard wurde am 4. Februar geboren und gehört damit, wie auch Heuss, zu den ‚Vierern'. Während sich bei Heuss der Neuerergeist mehr auf dem Gebiete der Philosophie bemerkbar machte, ist Erhard in erster Linie der wirtschaftliche Neuerer mit erheblichem Organisationstalent. Der geübte Zahlendeuter erkennt sogleich, daß Ludwig Erhards Geburtstagszahl nicht mit

seiner Namenszahl übereinstimmt und daß sämtliche Grundzahlen überhaupt nicht recht harmonieren. Es handelt sich um die
Grundzahlen 1, 4, 5, 6 und 8, wobei die letztere seinem Geburts-
tierkreiszeichen Wassermann zugeordnet wird. Die 1 und die 4
stehen zwar in gewissem guten Verhältnis zueinander, das aber
keine entscheidende Rolle spielen kann, da die Mehrzahl der
Faktoren seines Namens und seines Datums isoliert steht. Dieser
Mangel an Übereinstimmung bedeutet indessen lediglich, daß
Ludwig Erhard stets zäh um seinen Erfolg ringen muß und ihm
auch innere Konflikte beschieden werden, deren stets erneute
Lösung aber seine innere Kraft nur stärkt.
Die Bedeutung der einzelnen Zahlen im Falle des Kanzlers Erhard ist so hervorragend, daß der besagte Mangel an Überein-
stimmung zwischen den Grundzahlen seinen Erfolg nicht in
Frage stellen kann.
Die der Venus zugeordnete Namenszahl 6 bezeichnet die Welt-
offenheit und auch ein gewisses Maß an Sinnen- und Genuß-
freudigkeit Erhards. Auch dadurch wird die wenig günstige
Zusammenstellung seiner Geburtstagszahl 4 und seiner Tierkreis-
zahl 8 gemildert. Die Zahlen 4 und 8 deuten darauf hin, daß
Erhard seine schwierige Aufgabe niemals leicht nimmt und daß
diese ihm auch keineswegs so leicht gemacht wird.
Die Zahl 23 seines Vornamens bedeutet aber „Erfolg und Fortschritt auf dem irdischen Lebenswege" und „Hilfe durch Vorgesetzte und einflußreiche Beschützer". Letzteres war insbesondere früher bemerkbar, als Erhard sich, wenn auch stets durch
zugleich eigene Tüchtigkeit, hocharbeitete. Die Zahl 19 seines
Familiennamens gilt als sehr günstige, sogenannte glückbringende Zahl, wie wir im 13. Kapitel nachlesen können. Glückhafte
Ereignisse, Freude, Frohsinn, *Erfolg, Anerkennung,* Ehre, gutes
Vorwärtskommen auf dem irdischen Lebensweg kündet diese
Zahl im allgemeinen an! Die zusammengesetzte Zahl des Gesamtnamens schließlich, die 42 (der die gleiche Deutung wie der
Zahl 24 zukommt), gilt ebenfalls als glückbringend! Unterstüt-
zungen der Pläne durch bedeutende Persönlichkeiten, nutzbrin-

gende Teilhaberschaften, Vermehrung des Einflusses und Vermögens sind einige positive mit dieser Zahl verknüpfte symbolische Wirkungen. So kann man abschließend behaupten, daß nach der Zahlenlehre auch der gegenwärtige Bundeskanzler Deutschlands allgemein als „Erfolgsmensch" bezeichnet werden kann, dessen Wesen, wiewohl nicht gar so sehr ausgeglichen, aber ethisch fundiert ist.

Beispiel 4: Gegenwärtiger Bundespräsident *Heinrich Lübke.*
Die zusammengesetzten Zahlen unseres jetzt (1964) zum zweiten Male gewählten Bundespräsidenten Lübke lauten: 27 für den Vornamen, 23 für den Familiennamen, 50 für den Gesamtnamen. Die entsprechenden Grundzahlen sind: die 9, die 5 und nochmals die 5.

Heinrich Lübke wurde am 14. Oktober geboren. Wir sehen, daß in seinem Falle wiederum *Übereinstimmung* zwischen Geburtstags- und Namenszahl herrscht! Wie bei Konrad Adenauer finden wir auch bei Heinrich Lübke zweimal die Zahl 5 als Hauptschlüsselzahl. Doch bei letzterem entdecken wir ein noch weitgehend harmonischeres Zahlengefüge, wie es der schlichten, geradlinigen und abgeklärten Persönlichkeit dieses Präsidenten entspricht, der trotz gewisser Gegnerschaften im echten Sinne solide und treusinnig ist, wie nicht zuletzt seine Zahlen erläutern. Die Vornamenszahl 27 gilt für sich als sehr förderlich. Sie wird durch ein „Szepter" symbolisiert und deutet gehobene Positionen an. Auch schöpferische Leistungen sind angezeigt, und echte Bemühung, eigene Anstrengungen zu verbessern, verkündet diese Zahl ihrem „Träger". Über die gute Bedeutung der zusammengesetzten Zahl 23 (die für den Familiennamen Lübke maßgeblich ist) hörten wir bereits einiges im Falle Ludwig Erhards. Die positiven Bedeutungen der zusammengesetzten Zahlen werden im Falle Lübkes noch verstärkt, weil Übereinstimmung zwischen den Grundzahlen herrscht. Die Zahl 14 kommt zweimal bei ihm vor und muß deshalb zur Deutung herangezogen werden. Lübke ist am 14. Oktober geboren, und die Summe seiner beiden Namenszahlen (9 und 5) ist 14. Diese Zahl „kennzeichnet ein von Abwechslung und Veränderung bestimmtes Leben. Viele Kontakte mit Menschen vieler Länder, Reisen und Ortswechsel sind angezeigt". Diese Aussagen treffen genau auf die weiten Auslandsreisen Lübkes in seiner Amtseigenschaft zu. Die „Gefahr des boshaften Einwirkens Dritter" ist bei ihm zwar gegeben, dürfte sich aber wegen der überragend guten Gesamtstruktur seiner Zahlen niemals in akut gefährlicher Form bemerkbar machen.

Ebenfalls wie Adenauer ist auch die zusammengesetzte Gesamtnamenszahl Lübkes die 50, die wie die 32 gedeutet wird. Es handelt sich um eine sehr günstige Zahl, die viele fördernde Einflüsse ankündigt. Das Geburts-Tierkreiszeichen Waage des Präsidenten ist der Zahl 6 zugeordnet. Hierdurch wird die Zahl 5 weniger die „typischen Intellektuelleneigenschaften" kennzeichnen, sondern der fürsorgliche, mitfühlende, humanistische Zug beeinflußt im Falle Lübkes die verstandesmäßigen Entscheidungen, und zwar im guten Sinne.

Beispiel 5: Ehemaliger sogenannter „Führer" *Adolf Hitler.*

Eine gute kabbalistische Methode soll nicht nur im Falle positiver, sondern auch im Falle negativer, ja trauriger oder gar dämonischer Personen weitgehend treffsichere Resultate zeitigen. Welches Beispiel in dieser Richtung aber wäre wohl besser geeignet als die verhängnisvolle Erscheinung des Adolf Hitler.

Dessen Vornamenszahl ist die 23 mit der Grundzahl 5; Familiennamenszahl ist die 20 mit der Grundzahl 2. Die zusammengesetzte Zahl des Gesamtnamens ist die 43 mit der Grundzahl 7. Geburtstag ist der 20. April mit der Grundzahl 2.

Obwohl die Vornamenszahl 23 günstige Prognosen für den Erfolg und Fortschritt auf dem *irdischen* Lebenswege bereithält, die ja auch *leider* erfüllt wurden, muß die Zahl des Familiennamens, die 20, aus dem Grunde in ihrer negativen Seite bei diesem Manne zur symbolischen Auswirkung gelangen, weil die Gesamtnamenszahl 43 grundsätzlich eine *negative* bzw. eine „Warnzahl" ist. Die Zahl 43 erfährt eine besondere Deutung. Sie wird durch Bilder von *Aufruhr* und Zwistigkeiten symbolisiert. Den negativen Bedeutungen dieser Zahl kann dann entgangen werden, wenn die eigene Menschenkenntnis gut entwickelt wird. Diese entwickelte Hitler nicht, sondern „ging über Leichen", wie wir wissen, und damit erfährt die Zahl 43 ihre vollgültige verhängnisvolle Bedeutung. Deshalb auch muß die 20 des Familiennamens im Sinne des *verhängnisvollen Urteilsspruches* gedeutet werden. Diese Zahl wird in der okkulten Tradition durch das bekannte Bild der Auferstehung des Menschenpaares mit dem Kind aus dem Grabe symbolisiert, während der Engel die Trompete bläst. „Das Erwachen" oder „der Urteilsspruch" lautet die Bezeichnung für die Symbolwirkung dieser Zahl. In Verbindung mit der 43 haben wir also eine der bösartigsten Verknüpfungen innerhalb der okkulten Zahlenlehre vor uns. Hitlers Gesamtnamenszahl 7 kann nichts mehr retten. Seine Philosophie und mystische Neigung wird pervertiert. Sein Hang zum großen Abenteuer, wie er der Zahl 7 entspricht, wird zur blinden Triebhaftigkeit. Das „Mondhafte" der Geburtstagszahl 2 wird zur Wirrnis und Unklarheit gesteigert, denn da Hitler sich nicht zur harmonischen Persönlichkeit zu formen vermochte, machte sich die gegebene negative Bedeutung der Zahl 43 und auch der 20 in krassester Schärfe bemerkbar. (Es sei hier hinzugefügt, daß Voraussetzung einer weitgehend treffsicheren Zahlendeutung trotz der in eingeschränktem Rahmen für sich objektiv gültigen Zahlenlehre psychologische und allgemeine Menschenkenntnis ist. Je besser wir die gegebenen Anlagen eines Menschen vorher zu beurteilen vermögen, desto treffsicherer fällt die Zahlendeutung aus!)

Beispiel 6: *Wilhelm Busch*, Dichter, Zeichner, Maler und Philosoph.

Wilhelm entspricht der zusammengesetzten Zahl 27 mit der Grundzahl 9. Busch entspricht der zusammengesetzten Zahl 19 mit der Grundzahl 1. Die zusammengesetzte Gesamtnamenszahl ist die 46 und deren Grundzahl ist die 1. Wilhelm Busch wurde am 15. April geboren. Er gehört also zu den ‚Sechsern'.

Nicht jeder Leser weiß, daß dieser mit Recht beliebte humoristische Zeichner und Dichter im Grunde seines Wesens ein Pessimist war, der seinen Sinn für das Schwere und Schwermütige des Daseins durch seine Hinwendung zur liebenswürdig-ironischen Kunst, das Humorvolle und Groteske des Lebens darzustellen, verborgen hat.

Obwohl Busch ebenfalls von der „sonnenhaften" auf gute Energie und Durchsetzungsfähigkeit hindeutenden Namenszahl positiv geprägt bzw. symbolisch beeinflußt wird, denn seine ungeheure zu Recht erworbene Popularität als volkstümlicher Zeichnerdichter ist unbestritten und auch unvergänglich, so enthüllt uns die Zahlenlehre die seelische Zwiespältigkeit dieses großen Mannes, der die Maske des „gemütlichen" Spießbürgers und Dörflers annahm, obwohl und gerade weil sein Herz auch für den tragikomischen „Spießbürger" schlug. Die zusammengesetzte Namenszahl Buschs, die 46, entspricht der Bedeutung der Zahl 28. Diese Zahl „kündet Widerspruchsvolles an. Die innere Widersprüchlichkeit dieser Naturen soll tunlichst bekämpft werden". Freilich wurde für Wilhelm Busch diese Widersprüchlichkeit fruchtbar und äußerte sich im Schaffen. Nichtsdestoweniger bleibt die Tatsache einer inneren Zerrissenheit, um deren Überwindung er zeitlebens kämpfte, ohne daß er dabei in hoffnungslose Schwermut verfallen wäre – denn der Kampf war letztlich erfolgreich! Die „Sonnenzahl" 1 trug den Sieg davon, und Buschs gleicherweise ausgeprägtes Zartgefühl wie auch seine derbe Sinnenlust oder „reale" Liebessehnsucht von vielschichtiger Art wurden in künstlerisches Schaffen transponiert. Die besagte Sinneslust und Freude an den sogenannten „irdischen" Genüssen wird zahlenmäßig bei Wilhelm Busch durch die 6 angedeutet. Seine Geburtstagszahl ist die 6, während die zu Kämpfertum veranlagende Zahl 9 seinem Geburts-Tierkreiszeichen Widder zugeordnet wird. Die hervorragenden zusammengesetzten Zahlen 27 und 19 seines Vor- und Familiennamens aber trugen nicht zuletzt dazu bei, daß sich die im Gesamtbild seiner Zahlen verankerte Zwiespältigkeit auch zu erfolgreichem und letztlich dennoch *frohem* Schaffen läuterte.

Beispiel 7: *Martin Buber*, Religionsphilosoph, Dichter und Schriftsteller.

Dieser wohl bedeutendste jüdische Mystiker und Philosoph, der früher in Frankfurt lehrte und heute in Jerusalem lebt und dessen Werk eine kostbare Fundgrube unerschöpflicher Weisheit ist, bietet, um bei der Cheiro-Zahlenlehre zu bleiben, ein geradezu „klassisches Beispiel" *positiver* symbolischer Einwirkung der Zahl 8.

Am 8. 2. wurde Martin Buber geboren. Sein Geburts-Tierkreiszeichen Wassermann ist ebenfalls der Zahl 8 zugeordnet. Sowohl sein Vorname als auch sein Familienname bilden die zusammengesetzte Zahl 17 mit der jeweiligen Grundzahl 8! Diese Zahl kommt also an hervorragender Stelle gleich viermal bei ihm vor. Die Gesamtnamenszahl ist dann allerdings die 34 mit der Grundzahl 7, die nach normaler Regel zwar nicht in Übereinstimmung mit der Geburtstagszahl steht, und wahrlich war Bubers Leben auch kein leichtes. Aber das Gesamtbild, das uns aus seiner Zahlenstruktur ersichtlich wird, ist doch von großartiger Harmonie. Ein uraltes okkultes Symbol für die Zahl 8 ist eine Gestalt (so lesen wir auch im 10. Kapitel), die in der rechten Hand ein nach oben weisendes Schwert hält, während sie in der linken eine ‚Waage der Gerechtigkeit' zeigt. Wir erkennen in dieser Symbolgestalt die irdische und die himmlische Gerechtigkeit in ihrem Kampfaspekt, aber auch in ihrer Deutung der Versöhnung, Verzeihung und des Ausgleichs.

Die Griechen nannten die Zahl 8 auch eine Zahl der Gerechtigkeit, und diese kündet Martin *Buber* auch in seinem philosophischen Lebenswerk in erster Linie. Die Gerechtigkeit, aber auch die aus dem versöhnlichen Ausgleich zwischen Gott und Welt, Oben und Unten, Auserwählten und Unerweckten sich ergebende religiöse Liebe kündet Buber, und deutlicher und prägnanter könnte diese seine Mission gar nicht dargestellt werden, als durch die vierfache harmonische Betonung der 8. Diese an sich schwere dunkle Zahl erhält besondere lichte Bedeutung durch die zweimal auftretende zusammengesetzte Zahl 17, die eine überragende okkulte Bedeutung hat und auch „Stern der Magier" genannt wird. Menschen mit dieser Zahl können zu echter Geistigkeit emporsteigen und wertvolle edle Werke zum Nutzen ihrer Mitmenschen schaffen. Das alles trifft wörtlich auf Martin Buber zu. Die „innere Stärke" wird überdies durch die Zahl 34 angedeutet, die aber auch nicht ohne viele Schwierigkeiten und Anfechtungen besonders in der Jugend erworben wurde. Die Gesamtnamenszahl 7 schließlich erfährt bei dem bedeutenden Mystiker und Denker Martin Buber ihre diesbezügliche, auch religiös verankerte Bedeutung.

Wer von unseren Lesern Persönlichkeit und Werk dieses Denkers kennt, wird eingestehen, daß wieder einmal das Zahlensystem eine überaus treffende Entsprechung für ihn zeigt.

Beispiel 8: *Albert Einstein*, Physiker.

Der Begründer der Relativitätstheorie, bedeutender Atomphysiker und, leider, auch einer der geistigen Urheber der Atombombe, Albert Einstein, ist gewiß jedem Leser ein Begriff. Einstein hatte seinerzeit dem General Eisenhower zum Bau und Einsatz der Atombombe geraten – neben anderen Ratgebern. Er bereute diesen Rat später schwer, den er vielleicht unter dem Eindruck der furchtbaren Behandlung der Deutschen und speziell seiner Rassegenossen im Hitlerdeutschland gegeben hatte. Jedenfalls *wollte* der in Ulm geborene Physiker nichts Böses schaffen und plädierte in den letzten Lebenszeiten für die ausschließende Verwendung der Atomenergie zu friedlichen Zwecken.

Die Namenszahlen dieses Forschers sind die 17 mit der Grundzahl 8 für den Vornamen, die 29 mit der Grundzahl 2 für den Familiennamen und die 46 mit der Grundzahl 1 für den Gesamtnamen. Die oben angeführte *Zwiespältigkeit*, an der dieser Physiker bis zuletzt auf Grund seines besagten Ratschlages gelitten hat, wird wiederum durch die Zahl 46 angedeutet, die wir auch bei Wilhelm Busch fanden! Einstein aber wurde am 14. März geboren und gehört somit zu den ‚Fünfern‘. Bei ihm ist also die intellektuelle Prädestinierung gegeben, und die 1 der Gesamtzahl deutet darauf hin, über welche Energie und Ausdauer dieser Mann verfügte, seinen Zielen zu folgen. Die zusammengesetzte Zahl 17 seines Vornamens mit dem Symbol „Stern der Magier“ zeigt seine Möglichkeiten, Besonderes zu leisten, auf. Die Zahl 29 seines Familiennamens hingegen ist von zwiespältiger Symbolbedeutung. „Große Zurückhaltung und Vorsicht in allen Partnerschaftsangelegenheiten“ ist u. a. geboten. Wiewohl Scharfsinn (Geburtstagszahl 5) und Durchsetzungsvermögen (Namenszahl 1) die Oberhand behielten, verstärkt noch durch die seinen Unternehmungen förderliche Zahl 3 seines Geburts-Tierkreiszeichens Fische, kann man die gesamte Zahlenstruktur dieses Forschers nicht gerade als harmonisch bezeichnen. Dennoch bewahrheiteten sich im Falle Einsteins die Deutungsmöglichkeiten vor allem der Zahl 46, die wie die Zahl 28 für die ihr zugeordneten Menschen „meist die Vollbringung besonderer Leistungen, aber auch harte Rückschläge, wenn nicht äußerst vorsichtig zu Werke gegangen wird“, verkündet.

Beispiel 9: *Friedrich Hölderlin*, Dichter.

Zum Abschluß unseres zweifellos befriedigend ausgefallenen „Zahlen-Tests“ der Cheiro-Methode am Beispiele bedeutender oder bekannter Deutscher stellen wir den genialen und später in geistige Umdüsterung verfallenen Dichter Hölderlin als „Objekt“ unserer zahlenmagischen Untersuchung vor.

Die Namenszahlen des Dichters sind die 31 mit der Grundzahl 4 für den Vornamen, die 40 mit der Grundzahl 4 für den Familiennamen, und die Grundzahl 8 kommt für den Gesamtnamen in Frage. Hölderlin wurde am 20. März geboren und gehört somit zu den ‚Zweiern‘. Die zusammengesetzten Zahlen 40 und 31 haben prinzipiell die gleiche Bedeutung. Die 31 wiederum hat eine ähnliche Bedeutung wie die Zahl 30, wobei jedoch die der 31 zugeordneten Menschen – und bei Friedrich Hölderlin gilt das wegen der doppelten Betonung dieser Zahl in seinem Namen in verstärkter Intensivität – noch mehr zur Selbstgenügsamkeit und Isolierung neigen. Die Zahl 30 aber besagt: „Nachdenklichkeit, Zurückhaltung, *ernsthafte Lebensauffassung* und *geistige Ausrichtung* des dieser Zahl zugehörigen Menschen. Weltliche und irdische Erfolge werden von allen dieser Zahl Zugeordneten weniger erstrebt als geistige, philosophische, wissenschaftliche und künstlerische. Diese Zahl eröffnet eine besondere *Vielfalt* der Möglichkeiten." Die doppelte Betonung der Grundzahl 4, die einen revolutionären Kämpfertypus symbolisiert, kennzeichnet im Falle dieses Dichters seinen unbändigen, verzehrenden, „in die Bereiche der Götter hinaufgreifenden" Schöpferwillen. Wie wir uns erinnern, ist aber die Verbindung der zu Schwermut und Düsterkeit veranlagenden Zahl 8 besonders zur Zahl 4 oftmals verhängnisvoll. So war es auch im Falle dieses großartigen Dichters. Die Fülle des auf ihn eindringenden Glanzes höherer Welten, wie er ihn in seiner Dichtung wiedergibt, und die Dichte und Schwere seiner sich in weite Fernen sehnenden Seele waren für diesen im Grunde zarten, empfindsamen Menschen (dessen Geburtszahl 2 dem Mond zugeordnet wird und das Sanfte, Zartfühlende, Verletzliche andeutet!) eine zu große Belastung, um ohne Schaden ertragen werden zu können, so daß seine Erlösung in einer größeren Welt erfolgte.

Mit diesen neun Beispielen wird dem aufmerksamen Leser eine gute Anleitung zur selbständigen Weiterarbeit auf Grund des Cheiro-Systems gegeben worden sein.

KAPITEL XXX

Zahlengeheimnisse der Bibel

Bereits in einigen Kapiteln über die Bedeutung der Grundzahlen streifte ich das faszinierende Thema „Bibel und Zahlen".

Doch gibt es hierzu noch weit mehr zu sagen. Als eines der größten Wunder in der menschlichen Geschichte kann man die Tatsache bezeichnen, daß das „Volk Juda", das mehr Leiden und Verfolgungen als jedes andere Volk der Erde ausgesetzt war, seinem Glauben unerschütterlich die Treue hielt und den heute „Altes Testament" genannten Teil der Heiligen Schrift zur Gesetzesgrundlage seiner geistlichen und weltlichen Belange machte, wo immer auf der Erde Angehörige dieses Volkes auch weilen mochten.

Wer könnte dieses erhabene Buch, das unsere Seele wohl tiefer ergreift als jedes andere, ohne das beglückende Bewußtsein lesen, daß erhabene Weisheiten und tiefe Erkenntnisse darin beschlossen sind. Jenes heilige Buch, das ursprünglich als die von Gott dem hebräischen Volke allein eingegebene Botschaft galt, wird von der *gesamten Menschheit* mehr und mehr gewürdigt, da Kostbarkeiten darin enthalten sind, die für jedermann bestimmt sind.

Wie im Erdreich die reichsten Goldadern meist nicht nahe der Oberfläche, sondern erst in großen Tiefen, gefunden werden, so enthüllen sich einige der wertvollsten geistigen Schätze der Bibel, die wie ein Licht in der Finsternis leuchten, erst dem im besten Sinne esoterisch und okkultistisch eingestellten Bibelleser.

Wenn ich nun einige *Zahlengeheimnisse* preisgebe, die in der Bibel verborgen sind, maße ich mir damit selbstverständlich nicht an, die „Heilige Schrift enträtselt" zu haben. Denn dieses Buch der Offenbarungen und Geheimnisse zugleich „völlig zu verstehen" können nur Fanatiker und einseitige Ausdeuter behaupten, die im Grunde keinen Sinn für Geheimnisse besitzen. Die Auslegung der biblischen Überlieferungen ist für mich als Okkultisten und Erforscher esoterischer Spezialgebiete auch nicht bestimmt. Ich überlasse diese Aufgabe den Fachtheologen und Philosophen der verschiedenen Glaubensbekenntnisse.

Indessen vermag ich einige überraschende Zusammenhänge in der Anordnung der Kapitel, Verse und Worte der Bibel anzugeben. In diesem heiligen Buche, das auch inhaltlich vom Walten der göttlichen Vorsehung zeugt, wurde auch die Anordnung der gesamten Kapitel und Verse nach einem einheitlichen Plan vorgenommen. Damit birgt die Bibel in sich selbst den Beweis, daß sie von höchster Quelle aus inspiriert wurde.

Im „Alten Testament" wird uns überliefert, daß die ersten Bücher dieser Schrift von Moses, einem der bedeutendsten Weisen des Altertums, niedergeschrieben wurden.

Dieser Moses, vor dessen hoher Mission wir noch heute Hochachtung empfinden können, wurde aus dem Stamme des priesterlichen Geschlechts Levi geboren. Nachdem ihn die Tochter des Pharao aus dem Nil geborgen hatte, wurde er Moses genannt. Er wurde von ihr adoptiert und galt als ihr Sohn.

Als angenommenes Kind der Tochter des damaligen mächtigen Pharao genoß er die beste Erziehung, die im wundersamen Reiche der alten Ägypter überhaupt möglich war. Die Heilige Schrift belehrt uns, daß Moses „in alle Weisheit der Ägypter eingeweiht wurde". Die Überlieferung besagt ferner, daß Moses auch ein Meister der Astrologie wurde und im Tempel der Sonne zu Heliopolis ein großes Observatorium zur Beobachtung der Gestirne errichten ließ.

Als seine Stiefmutter dann Königin von Ägypten wurde, stieg Moses zum Heerführer des Landes auf, besiegte die Äthiopier und befreite Ägypten von der Gefahr eines feindlichen Einfalls.

Unmittelbar nach diesem siegreichen Feldzug starb die Königin, und ein Pharao, der Moses nicht anerkannte, bestieg den Thron.

Die Bibel berichtet, daß Moses zu seinen Brüdern hinausging und ihrer Bürde innewurde. Da bemerkte er den „Ruf seines Blutes", wußte, daß er ein Hebräer aus dem priesterlichen Stamme Levi war, und erschlug später einen Ägypter, der einen seiner Blutsbrüder, also einen Hebräer, erschlagen hatte. Daraufhin nahm er Zuflucht im Lande Midian.

Als Moses achtzig Jahre alt war, Erfahrung, Reife, Verantwortungsbewußtsein und großes Wissen besaß, wurde er von Gott auserwählt, das hebräische Volk zu befreien.

Keinem anderen als dem erfahrenen Heerführer Moses wäre es möglich gewesen, das ungeheuerliche Unternehmen des Auszuges des israelitischen Volkes, Männer, Frauen und Kinder nebst Viehherden, erfolgreich zu leiten.

Welcher bedeutungsvolle Meilenstein in der Geschichte war das erste Passah-Fest der Hebräer als eigene Nation, und welche erhebende Tatsache lag für das aus der Knechtschaft befreite Volk darin!

Der vierhundertunddreißig Jahre bestandene Frondienst der Hebräer für die Ägypter war beendet, und deshalb wurde, wie die Bibel überliefert, die Passahnacht zu Ehren des Herrn gefeiert, und die Kinder Israel und ihre Nachkommen „sollen die Feier zu Ehren des Herrn für alle Zeiten halten."

Das erste große Passah-Fest der Juden wurde bei Vollmond zur Zeit des Frühlings-Äquinoktiums im ersten Monat nach der hebräischen Zeitrechnung gefeiert. Es war der Monat Abib.

Wer einen guten Atlas zur Hand nimmt, in dem auch die alten hebräischen Ortsnamen angegeben sind, wird erkennen, mit welcher Geschicklichkeit Moses die gewaltige Volksmenge der Israeliten zu der am leichtesten durchquerbaren Stelle am Roten Meere führte, und zwar zu einem Ort mit dem Namen Pi-chachiroth am Nordufer des Golfes von Suez, wie die Bibel berichtet.

Moses kannte diesen Teil des Landes gut, denn er kam an diesem Ort sowohl auf seiner Flucht nach Midian als auch bei seiner Rückkehr nach Ägypten vorüber. Er hatte den Wechsel von Ebbe und Flut genau beobachtet und durch astrologisch-astronomische Berechnung festgestellt, daß der südöstliche Monsun-Wind an einem ganz bestimmten Tage eintreten und sein Werk, „das der Herr ihm zu tun geboten hatte", unterstützen würde. In einigen Bibelübersetzungen wird zwar von „Ostwind" gesprochen, während die Septuaginta, die griechische Übersetzung des Alten Testamentes, von einem „starken südlichen Wind" spricht. Indessen ist die poetische und bildhafte Beschreibung des Vorganges in allen Übersetzungen ähnlich. „Da nun Moses seine Hand reckte über das Meer, ließ es der Herr hinwegfahren durch einen starken Ost- (oder Südost-) Wind die ganze Nacht und machte das Meer trocken, und die Wasser teilten sich voneinander. Und die Kinder Israel gingen hinein mitten ins Meer auf dem Trockenen" (2. Mose, 14, 21–22).

Auch die vierzigjährige Umherwanderung der Israeliten in der Wüste war von der Vorsehung weise geplant, um das Volk den fremden religiösen Lehren, die ihm während der Knechtschaft in Ägypten sozusagen infiltriert worden war, zu entwöhnen.

Wer sich nochmals die Landkarte besieht, die auch in vielen Bibeln als Anhang zu finden ist, wird sogleich erkennen, wie kurz die Wegstrecke gewesen wäre, wenn Moses das Volk *direkt* nach Palästina hinübergeführt hätte. Doch statt dessen hatte dieses Volk erst die ganze Halbinsel Sinai zu durchwandern, ehe es ihm erlaubt wurde, das Antlitz dem „verheißenen Land" zuzuwenden.

Die vierzig Jahre währende Wanderung des Volkes in der Wüste bzw. der Zustand der Nichtseßhaftigkeit entsprach etwa einer Generation. Auch das war weise geplant. Inzwischen war das ältere Geschlecht bereits zu „seinen Vätern versammelt worden", und die aufgewachsene jüngere Generation war geeigneter, die Lehren des großen Gesetzgebers, Gottes, zu begreifen und als sein „auserwähltes Volk" den Nachfahren die Weisheiten jenes heute „Altes Testament" genannten Teiles der Bibel zu überliefern.

Mir war es vergönnt, als Zahlenforscher das wundersame, geheimnisvolle Walten der Vorsehung, wie es sich besonders in der Geschichte der Hebräer und im Alten Testament zeigt, zu erkennen und zu erläutern. Und vielleicht ist der Schluß berechtigt, daß diese wundersamen zahlenmäßigen Zusammenhänge einen Beweis für den göttlichen Ursprung der Bibel für sich bilden, wie ich bereits andeutete.

Freilich gibt es zahlreiche andere Gotteserweise und unwiderlegliche Fakten, die den besonderen Wert der Heiligen Schrift konstituieren. Deshalb muß ich nochmals deutlich betonen, daß meine Findung der Zahlengeheimnisse in der Bibel lediglich ein *Mit*-Erweis des biblischen Sinnes neben vielen anderen Erweisen ist.

In jenen uralten Zeiten, als Moses vom Schöpfergott zu seiner großen Mission berufen wurde und seine Taten im Zusammenhang mit dem israelitischen Volk als direkte Anweisungen Gottes aufzeichnete, war das „Alte Testament", wie es heute genannt wird, noch nicht in Kapitel und Verse eingeteilt.

Aber wie konnte dann der König David, der Psalmen-Dichter, voraussahnen, daß später der 119. Psalm *das längste Kapitel der Bibel* sein würde, in jener Bibel, die zu seiner Zeit noch nicht einmal zur Hälfte bestand? Und die Einteilung der Heiligen Schrift in Kapitel und Verse und demnach auch die Numerierung der Psalmen erfolgte erst etwa *zweitausend Jahre* nach der Erdenlebenszeit des König David!

In diesem 119. Psalm, der aus 176 Versen besteht, erläutert jede einzelne Strophe mittelbar und unmittelbar die Unterweisung und Belehrungen der *gesamten* Heiligen Schrift.

Der 119. Psalm wurde zudem in 22 Abschnitte eingeteilt, die genau der Anzahl der 22 Buchstaben des hebräischen Alphabets entsprechen. Im hebräischen Text besteht jeder dieser 22 Abschnitte wiederum aus 8 Versen zu je 16 Silben, abwechselnd kurz und lang, d. h. in der Form des jambischen Tetrameters.

Im hebräischen ursprünglichen Text beginnt zudem jeder einzelne der 8 Verse des ersten Abschnitts mit dem ersten Buchstaben des hebräischen Alphabets, nämlich mit dem Buchstaben Aleph.

Die 8 Verse des zweiten Abschnitts beginnen alle mit dem zweiten Buchstaben des hebräischen Alphabets, also mit dem Buchstaben Beth.

Die 8 Verse des dritten Abschnitts schließlich beginnen alle mit dem Buchstaben Gimel, dem dritten des hebräischen Alphabets.

Diese eigenartige gleichmäßige Einteilung wurde auf sämtliche 22 Buchstaben des hebräischen Alphabets angewandt, und in alten Zeiten wurde deshalb der 119. Psalm auch „Das güldene ABC" genannt.

Als dieser Psalm, übrigens eines der schönsten Kapitel in der Bibel, nach weit mehr als tausend Jahren in fremde Sprachen übersetzt wurde, stellte sich heraus, daß sich keine andere Sprache in die großartige Anordnung des hebräischen Alphabets bringen ließ.

Übrigens gibt es in der gesamten Weltliteratur kein einziges Buch, in dem das Akrostichon (Verwendung sinnvoller oder sinngebender Anfangsbuchstaben; ursprünglich eine Form der Dichtung) in derart zeichenhafter Bedeutung angewandt wurde wie in der Bibel, und daß das längste Kapitel eines „normalen" Buches irgendwie besonders hervorgehoben werden müsse, erschiene einem Autoren auch überflüssig. Zumal im Falle der Bibel müßte jedem einleuchten, daß die Psalmen jeweils für sich in ihrer Bedeutung und guten Bestimmung sprechen, da jeder einzelne Psalm zur Erweckung des Guten in uns und zu unserer Vervollkommnung beitragen soll und unseren Gehorsam gegenüber den Weisungen Gottes zu bestärken bestimmt ist. Diese Bedeutung zu unterstreichen, ist gewiß jenes Akrostichon nicht in den 119. Psalm eingewoben. Es kann sich also nur um die Absicht des Schöpfers handeln, durch dieses und ähnliche Zeichen die Tatsache der direkten göttlichen Inspiration der Bibel zu offenbaren.

Jeder Vers dieses 119. Psalms enthält zudem die bevorzugte Verwendung göttlicher Worte, die sich in allen 22 Abschnitten wiederholen. Es handelt sich um folgende Worte:

Im 1. Vers: „Das Gesetz des Herrn";
im 2. Vers: „Seine Zeugnisse";
im 3. Vers: „Seine Wege";
im 4. Vers: „Deine Befehle";
im 5. Vers: „Deine Rechte";
im 6. Vers: „Deine Gebote";
im 7. Vers: „Deine gerechten Urteile";
im 8. Vers: „Deine Rechte" (oder Gesetze).

Auch die in der Zahlenmystik seit alters her bedeutungsschwere geheimnisvolle Zahl 12 ist als „Zeichen" im Text des 119. Psalmes enthalten, denn in jedem der 176 Verse ist zumindest einmal eines der *zwölf* folgenden Worte enthalten:
Rechte – Satzungen – Treue – Beständigkeit – Gesetz – Name – Wort – Befehle – Wege – Gerechtigkeit – Zeugnisse – Gebote.
(Es gibt zwar auch weniger sorgsame Übersetzungen, die gelegentlich eines dieser Urworte nicht enthalten. Im hebräischen Text jedoch trifft die besagte wundersame Ordnung zu.)
Nochmals sei deutlich herausgestellt, daß es keinem Irdischen, und sei er der Begabteste, möglich wäre, einen Psalm in der Form eines Akrostichons in der Weise zu schaffen, daß dieser in seiner Zusammensetzung zu einem erst viele Jahrhunderte später vervollständigten Buche passen wird!
Aber mit diesen wenigen Angaben sind die Kennzeichnungen göttlicher Vorsehung, die der Bibel gleichsam als Muster eingewoben sind, noch nicht erschöpft.
Nur wenige Bibelkenner werden wissen, daß in der Heiligen Schrift das *kürzeste Kapitel* in nächster Nachbarschaft zum *längsten Kapitel* steht. Das kürzeste Kapitel ist nämlich der 117. Psalm und das längste der bereits besprochene 119. Psalm. Das beide gleichsam verbindende Stück ist der 118. Psalm, der in sich auch so bedeutungsschwer ist, daß die Vermutung auf der Hand liegt, diese drei genannten Psalmen seien *absichtlich* von Gott so geplant worden, eben an diesen und an keinen anderen Stellen im „Buch der Bücher" zu stehen. Auch hierfür muß als

Grund der Wille der göttlichen Vorsehung angenommen werden, dem nach Wahrheit suchenden Bibelleser früher oder später zu offenbaren, daß die biblischen Bücher, Kapitel und Verse wirklich von oben inspiriert wurden und daß sie keine menschlichen Spekulationen darstellen. Selbst bei der Tausende von Jahren später erfolgten Übersetzung der ältesten Teile der Bibel in andere Sprachen ist diese Planung Gottes, sich durch Zeichen in der Anordnung des Bibelinhalts bemerkbar zu machen, erhalten geblieben.

Der 118. Psalm, also das „Mittelstück" zwischen dem kürzesten und dem längsten Kapitel der gesamten Bibel, enthält eigentümlicherweise auch den *mittleren, den zentralen Vers der gesamten Bibel!*

Es handelt sich um den 8. Vers dieses 118. Psalmes. Und dieser lautet:

„Es ist gut, dem Herrn zu vertrauen und sich nicht zu verlassen auf Menschen."

Nun urteilen Sie selbst, liebe Leser: enthält dieser herrliche Vers nicht in kürzester Fassung die Lehre der *gesamten Bibel,* also sämtlicher vorhergehenden und noch folgenden Verse?

Und noch ein Zahlenwunder: Fügen wir die Ziffern dieses Zentralverses der Bibel, so wie sie in sämtlichen Bibeln einheitlich numeriert da stehen, aneinander, so erhalten wir die Zahl 1188. (Zusammengesetzt aus Psalm 118 und Vers 8.) Diese Zahl aber gibt die *genaue Anzahl der Kapitel in der Gesamtbibel außer dem 118. Psalm selbst* an. Denn genau 1189 Kapitel befinden sich in der Bibel, im Alten und im Neuen Testament zusammen!

Wenden wir uns nochmals dem 117. Psalm, dem kürzesten Kapitel der Bibel, zu. Und jetzt erfahren wir ein weiteres biblisches Zahlenwunder: Der 117. Psalm ist das *mittlere Kapitel der gesamten Bibel.* Es gibt nämlich, wie wir oben bereits feststellten, insgesamt 1189 Kapitel in der Bibel. Der 117. Psalm ist demzufolge das 595. Kapitel, denn vor diesem Psalm stehen 594 Kapitel und dahinter folgt die gleiche Kapitelzahl. Die Zahl 595 ist von schöner Ebenmäßigkeit, denn vorwärts und rückwärts gelesen bleibt sie unverändert.

Aber wie der mittlere *Vers* der Bibel auf seine Art eine Kostbarkeit in seinem Inhalt darstellt, so verkündet uns in seiner herrlichen Verheißung auch das mittlere *Kapitel* der Gesamtbibel einen kostbaren Inhalt. Der 117. Psalm lautet wie folgt:

> „Lobet den Herrn, alle Heiden; preiset ihn, alle Völker! Denn seine Gnade und Wahrheit waltet über uns in Ewigkeit. Halleluja."

Wahrlich, diese planmäßige Einteilung der Heiligen Schrift – man führe sich nochmals deutlich vor Augen, daß die Autoren, welche die Psalmen inspirativ empfingen, nichts von der späteren Existenz des Neuen Testaments und dessen Numerierung wußten – kann *nur* durch die göttliche Weisheit eingesetzt worden sein. Er, Gott, der Schöpfer aller Welten, der alles im Weltall nach Maß und Zahl ordnete, dem nichts in Vergangenheit und Zukunft verborgen ist und in dessen Hand die Kreatur und ihr Geschick ruhen, gab sich „naturgemäß", möchte man geradezu sagen, auch in seinem eigenen Buch, der Heiligen Schrift, auf diese wundersame Weise kund.

Das beschriebene Zahlenmysterium freilich ist hier nur „Mittel zum Zweck", nämlich ein Mittel für den Forscher und Skeptiker, auch ihm und jedermann den herrlichen Zweck zu offenbaren, daß die Verheißungen der Bibel *Wahrheiten* sind. Somit ist das Zahlenmysterium in diesem Falle auch geeignet, unseren Glauben zu stärken und neu zu bekräftigen. Möchte es mir durch diese Ausführungen vergönnt gewesen sein, bei manchem Leser auch erneutes Interesse für die Heilige Schrift erweckt zu haben.

Möge nun aber jeder meiner Leser die Gesamtausführungen dieses Buches als Weisung und Zeichen benutzen können, sein Leben harmonischer zu gestalten, indem er sich selbst um harmonischere Gestaltung bemüht. Und möge jedem Leser stets bewußt bleiben, daß er nicht hilflos und verbindungslos in einem Chaos umhertreibt, sondern im göttlichen Kosmos, in der Ordnung wohl-geborgen ist, und daß Gestaltung, Form, Zahl, Maß und Vor-sehung in der Welt zum Ausdruck jener Allmacht gehören, die unbegrenzt ist, die geheimnisvoll von Ewigkeit zu Ewigkeit wal-tet, um Wunder zu vollbringen, die uns immer erneut geschenkt werden, die, mit einem Wort benannt, *Gott* ist.

SCHLUSSBETRACHTUNG

Wer war Cheiro?

Cheiro ist das Pseudonym eines der hervorragendsten Okkul-tisten, Seher, Numerologen und Chirologen der Jahrhundert-wendezeit.

Viele Jahre lang blieb die Identität dieses Okkultisten ein sorg-sam gehütetes Geheimnis. Erst dann, als Cheiro auf dem wahren Höhepunkt seiner echten Berufung angelangt war, erlaubte er, seine Identität bekanntzugeben.

Es handelte sich um den *Count* (Graf) *Louis Hamon,* einen nor-mannischen Edelmann, dessen Ahnenschaft bis in die Frühzeit der normannischen Franzosen zurückverfolgt werden kann. Graf Hamon war ein hochbegabter und dazu vielseitig begabter Mann, der, wenn er es gewünscht hätte, auch auf vielen anderen Lebens-gebieten Überdurchschnittliches geleistet haben würde.

Doch der Graf zog es vor, bereits in sehr jungen Jahren in den Nahen und Fernen Osten zu reisen, um dort, gleichsam an Quel-len der okkulten Tradition, Weisheiten und mystische Lehren der Hindus, Ägypter, Islamiten und anderer Rassen, Völker und Religionen in sich aufzunehmen. Zutiefst berührt von seinen Entdeckungen, kehrte er in dem Bewußtsein ins Abendland zu-rück, daß er kostbare Schätze des Geistes gefunden hatte, die für jeden denkenden Menschen auf der Welt von hervorragendem Wert waren.

Wie recht Graf Hamon mit dieser Folgerung hatte, ist allein durch die Tatsache bewiesen worden, daß er in sehr kurzer Zeit in drei Kontinenten bekannt wurde.

Von vielen gekrönten Häuptern Europas, von Staatspräsidenten und Industriellen wurde er gebeten, persönlich zu kommen, um den betreffenden Persönlichkeiten chirologisch, astrologisch und numerologisch zu raten und zu helfen. Denn Cheiro alias Hamon beherrschte die Kunst des Handliniendeutens vollendet, und seine Erfolge auf diesem Gebiet grenzten ans Wunderbare. Aber auch die Astrologie und die okkulte Zahlenlehre, die in diesem Buche dargelegt wurde, zog er stets mit ebenfalls größtem Erfolg heran, um das Wesen und die Schicksalsentwicklung seiner Klienten zu deuten und zu offenbaren.

Aber der Graf Hamon war für *jeden* Ratsuchenden da – vom schlichtesten Arbeitsmann bis zum regierenden Herrscher betrachtete er seine Klienten vor allem als *Mitmenschen* und *Mitbrüder,* die jeweils ihre *Sorgen* und *Nöte* hatten. Graf Hamons erstes Anliegen war es, durch seine Erkenntnisse und Begabungen zu helfen und nochmals zu helfen.

Er scheute sich nicht, Jahrzehnte hindurch in überfüllten Stadthallen in verschiedenen Ländern Vorträge über seine Erkenntnisse zu halten und vor großem, kritischem Publikum die Brauchbarkeit und den Wert der praktischen okkulten Methoden zu demonstrieren, zu *beweisen.* Und das kritische Publikum wandelte sich im Anschluß an seine Vorträge regelmäßig fast einstimmig in ein begeistertes, *überzeugtes* Publikum!

In London und Paris, in New York, Boston und Chicago, in Petrograd und Rom und vielen weiteren bedeutenden Weltstädten hielt er Vorträge und demonstrierte sein Wissen.

Unter anderen ähnlichen grandiosen Leistungen sagte Cheiro oder Graf Hamon den Todestag der englischen Königin *Victoria* voraus, prophezeite den Todesmonat des englischen Königs Edward VII. und auch das bittere Schicksal, das den letzten russischen Zaren erwarten sollte. Er sagte die Ermordung König Humberts von Italien voraus, den Attentatsversuch gegen den Schah in Paris und Todesjahr und Todesart des Lord Kitchener. Als Cheiro diese Voraussage von sich gab, war der später so bedeutende Feldherr Kitchener so gut wie unbekannt. Doch, wie von Cheiro insonderheit auf Grund von Lord Kitcheners Handlinien gesehen, versank der Lord in seinem 66. Lebensjahr mit dem Kriegsschiff „Hampshire".

Graf Hamon, der große Wissende, war es auch, der dem bekannten Journalisten, Schriftsteller und Spiritualisten *W. T. Stead* seinen Tod anläßlich des tragischen Untergangs der „Titanic" im Jahre 1912 voraussagte.

Selbstverständlich kündete Hamon auch Positives voraus, und Todesfälle oder, besser gesagt, den Heimgang eines Menschen prophezeite er nur dann, wenn der jeweilige Mensch ausdrücklich darum bat bzw. wenn der Okkultist erkannte, daß der Klient das Vorauswissen dieser Art vertragen konnte oder daß dieses sogar notwendig für ihn war.

Daß der Verfasser unseres Zahlenbuches, Cheiro oder Graf Louis Hamon, aber auch ein parapsychologisch und jenseitskundlich bestinformierter Mann von unbestechlicher Urteils- und Beobachtungsgabe war, bestätigte uns der nachstehende, von ihm selbst verfaßte Erlebnisbericht, der im Jahre 1938 im Heft 10 der Leipziger „Zeitschrift für Seelenleben" erschien.

Der Aufsatz trägt den Titel: *„Ein Möbeltransport bei Eusapia Palladino."*

Graf Hamon berichtet: „Mein persönliches Zusammentreffen mit Eusapia Palladino, die eine neapolitanische Bäuerin war und wohl das hervorragendste Medium für physikalische Phänomene, das in der Zeit von 1890 an viele Jahre die okkulten Forscher der ganzen Welt durch seine Leistungen überraschte, verlief einigermaßen ungewöhnlich, so daß es sich wohl lohnt, diese Begebenheiten mit ihr zu schildern. Die von der Palladino hervorgebrachten Erscheinungen betrafen Materialisationen von Geisterhänden, Heben und Fortbewegungen schwerer Tische und anderer Möbel, und hervorragendste Wissenschaftler, wie Schiaparelli, Professor Richet, Lombroso und andere, mußten am Schlusse ihrer strengen Untersuchungen bekennen, daß es sich um uns bisher unbekannte Kräfte und um Kundgebungen aus der psychischen (bzw. jenseitigen) Welt handeln müsse.

Im Jahre 1904 war ich zu Gast bei dem wohlhabenden amerikanischen Major Alexandre Henry Davis in dessen Villa in Neapel. Es war an einem Sonntagnachmittag, und auf die Frage des Majors, womit er wohl seine Gäste an diesem Nachmittag unterhalten könne, wurde allgemein der Wunsch geäußert, die bekannte Eusapia Palladino einzuladen, deren Name ja damals in aller Munde war. Unser Gastgeber sandte sofort seinen Wagen, und schon in einer Stunde fuhr das Medium vor der Villa ‚La Florideana‘ vor.

Wir saßen in der Bibliothek, einem großen, hellen Raum, durch dessen viele Fenster man einen wundervollen Blick auf die Bucht von Neapel hatte, als die Palladino gemeldet wurde und in der Tür eine kleine, schüchterne Frau erschien.

Major Davis begrüßte sie, sagte in der Überlegenheit des reichen Mannes etwas spöttisch: ‚Signora, wir haben von Ihren Kräften als Möbeltransporteur gehört und ließen Sie holen, damit Sie meinen Gästen einige Ihrer Tricks zeigen möchten. Sicher wünschen Sie in einem verdunkelten Raum zu arbeiten.‘ Und die kleine schüchterne Frau erwiderte: ‚Nein, Signor, meine Erfolge hängen nicht von der Beleuchtung ab und kommen bei Tageslicht gleichwie im Dunkeln. Ob ich heute Erfolg haben werde, weiß ich nicht und kann nur versprechen, mein Bestes zu tun.‘

Der Major zündete sich eine ungewöhnlich dicke Zigarre an, zog sich ans Ende des Raumes zurück und lehnte sich dort mit dem Rücken gegen einen großen Eichenschrank, der zwischen zwei hohen Fenstern stand.

Zögernd und etwas scheu näherte sich die Palladino und schaute sich das halbe Dutzend Gäste prüfend an, das über den ganzen

Raum verteilt dasaß. Ich konnte mir nicht helfen – aber die kleine Frau tat mir in diesem Augenblick direkt leid. Wie groß auch ihre Kräfte sein mochten, schien es mir doch eine zu starke Nervenprobe für sie zu sein, den Major, der sie mit stechendem Blick beobachtete, gegenüberstehen zu müssen.

Indes ging die Palladino ganz langsam zur Mitte des Raumes, und ihre Lippen bewegten sich schnell; mir schien, sie betete leise. Plötzlich hefteten sich ihre Augen auf den großen Marmortisch, der in der Mitte der Bibliothek stand, und streckte beide Hände in Richtung des Tisches aus. Und in diesem Augenblick veränderte sich auch ihre ganze Erscheinung: Anstatt der kleinen, schüchternen Bäuerin schien da ein Wesen, hoch aufgerichtet, zu stehen, jedes Glied des Körpers in höchster Spannung. Es war der Zustand der ,Trance'.

In hellstem Tageslichte sah jedermann im Hause, wie zwei weiße Streifen aus den Händen der Frau in Richtung des Tisches strahlten. Wohl hatte ich einige Erfahrungen in der Bildung solchen ,Ektoplasmas' und wußte um der Palladino Fähigkeit, solches in außerordentlicher Weise auszustrahlen; doch sah ich diese Erscheinung zum ersten Male in vollem Tageslicht. In diesem Augenblick, als die weißlichen Streifen den Tisch trafen, fing dieser an, sich zu bewegen. Es war ein außergewöhnlich großer, schwerer Tisch, dessen Platte aus einem Stück carrarischen Marmor bestand. Zunächst nur langsam und schwerfällig, dann aber schnell und schneller bewegte sich der Tisch zum großen Erstaunen aller Anwesenden wie von einer unwiderstehlichen Gewalt dirigiert, direkt auf den Major zu. Regungslos verharrte die Palladino gleich einer Statue in des Raumes Mitte, die Hände zum Tisch hin gerichtet, wobei der Ausdruck ihrer Augen starr und leer war, als ob sie dieser ganze Vorgang gar nichts anginge.

Schnell erreichte der Tisch den Major, der immer noch mit ungläubigem Gesicht seine große Zigarre qualmte; bald aber wurde er von dem Tisch gegen den Eichenschrank gedrückt, daß er alle Kräfte anstrengen mußte, dem Drucke zu widerstehen. Erst als er einsehen mußte, daß dies vergeblich war, rief er laut um Hilfe.

Auch ich wollte ihm helfen. Doch auch unsere vereinten Kräfte und die der herbeigeeilten Diener genügten nicht, dem Druck des Tisches zu begegnen. Ich weiß nicht, was geschehen wäre, wenn ich nicht aus eigenem Impuls heraus die Palladino herübergerissen und zwischen Tisch und Schrank geschoben hätte. Noch immer in Tieftrance, bemerkte sie gar nicht, was mit ihr geschah. Doch in dem Augenblick, da ihre Hände sich gegen die Tischkante lehnten, bewegte sich der Tisch rückwärts, ganz langsam, bis er seine alten Platz wieder erreicht hatte.

Major Davis sank erschöpft in einen Sessel. Er hatte kein Verlangen mehr, weitere Proben von ,Möbeltransporten' zu erleben."

Soweit unser Graf Hamon alias „Cheiro". Wir glauben, daß dieser kleine, aber gehaltvolle Aufsatz als Abschluß dieses Buches hervorragend geeignet ist, erkennen wir doch daraus, daß Cheiro die *echte innere Berufung* in sich verspürte, dem Gesamtgebiet der okkulten Forschung zu dienen. Diese Sehnsucht aber „kann man nicht lernen". Graf Louis Hamon oder Cheiro jedoch empfand diese Sehnsucht, und darin liegt das eigentliche Kennzeichen, daß seine Berufung eben nicht nur subjektiv aufgefaßt werden kann, sondern eine *objektive* Berufung war. Kurzum: als Forscher gehörte er zu den wenigen Gottgesandten.

Verlag Hermann Bauer · Freiburg im Breisgau

Bernd A. Mertz

Der Ägyptische Tarot

Ein Einweihungsweg

219 S. mit 22 Abb., 22 Karten, geb. ISBN 3 7626 0324 3

Als vor zweihundert Jahren die Esoterik in Europa zu neuem Leben er-
wachte, wurde in Paris ein altes ägyptisches Buch entdeckt, das von den
Flammen, die die Bibliothek in Alexandria zerstörten, verschont geblieben
war: der Tarot! Inzwischen gibt es viele Tarot-Ausgaben und Tarot-Karten aus verschiedenen Kulturepochen, aber die altägyptischen Bildmotive
berühren gerade die Menschen unserer Zeit in ihren archetypischen Aussagen sehr und wirken unvergleichlich vielsagender als die meisten anderen Tarot-Decks.

Die Bilder des ägyptischen Tarot sollen einst die Grundlage für die Einweihung gewesen sein, da sich in diesen 22 Karten der großen Arcana die
wichtigsten Entwicklungsstufen und Erfahrungen des menschlichen Lebens widerspiegeln. Daher stellt auch für den Menschen unserer Zeit die
Beschäftigung mit diesen Karten eine Möglichkeit dar, den Weg zur Esoterik einzuschlagen, um einer Einweihung nahe zu kommen. Dazu dienen
vor allem die sieben Einweihungswege der alten Ägypter: Der Weg des
Uneingeweihten, der Weg des Magiers, der Weg der Hohepriesterin, der
Weg des Osiris, der Weg der Isis, der Weg des Horus und die Wege des
Thot.

Das Besondere an diesem Buch ist, daß die Karten der großen Arcana
nach altägyptischen Motiven, die sich in Tempeln, Pyramiden und Grä-
bern finden, auf Anregung des Autors von Kamilla Szij neu nachgestaltet
wurden. Auf diese Weise vervollständigt hier ein modernes und doch auf
alten Traditionen beruhendes Tarotkarten-Deck das Buch, was es Ratsuchenden wie Beratern ermöglicht, viele Erkenntnisse und praktische Lebenshilfe aus diesem Werk zu gewinnen.

Verlag Hermann Bauer · Freiburg im Breisgau